KB051412

오케이
O.K

O.K 일본어회화

국제언어교육연구회

태을출판사

# 들어가는 말

21세기 글로벌 시대에 외국어 구사능력은 선택의 문제가 아닌 생존의 조건입니다.

영어는 기본이고 중국어·일본어·독일어·불어·서반아어 등 제2외국어를 소홀히 하다간 국내에서는 물론이고 국가간 경쟁에서도 뒤쳐질 수밖에 없기 때문입니다.

교육전문가들은 생활외국어를 제대로 익히기 위해선 외국어 교육이 혁신되어야 한다고 말합니다.

10년 이상 배워봐야 말 한마디 제대로 못하는 학교 영어교육의 개편과 함께 제2외국어 교육의 내실화가 시급하다는 지적입니다.

외국어는 어렵습니다. 그러나 누구든지 할려고만 하면 '쉽게' 정복할 수가 있습니다.

이렇게 말하면 더러는 발론(反論)을 제기하는 사람도 있을 것입니다. 그러나 그것은 외국어의 근본을 모르고 있는 사람들의 한갓 변명에 불과할 뿐입니다. 어렵게 생각하면 이 세상의 모든 일들이 다 '어려운' 것입니다.

외국 사람들은, 세계에서 가장 배우기 힘든 '언어' 속에

'한국어'를 포함시키고 있습니다. 그 어려운 언어를 우리는 지금 자유자재로 구사하고 있습니다. 우리는 우리말에 대하여 어렵다고 생각해 본 적이 없습니다. 어린 시절, 걸음마를 배우면서부터 우리 자신도 모르게 낱말 한두 개씩을 중얼거리며 익혀오던 우리말입니다. 아직 엄마의 젖을 물고 있던 그 시절, 이미 우리는 무슨 말이든지 의사를 표현하고 받아들일 수가 있었습니다. 아주 자연스럽게 말입니다.

외국어도 이와 마찬가지입니다. 스스로 어렵다는 생각을 버릴 때, 비로소 쉬워지는 것이 외국어입니다.

우리가 어린 시절 수 년에 걸쳐서 우리말을 생활속에서 터득하였듯이, 외국어도 단시일 내에 뿌리까지 뽑겠다는 생각을 한다면 그것은 무리입니다. 단시일에 마스터 하겠다는 그 생각이 바로 외국어를 어렵게 만드는 것입니다.

쉽게 생각하고 쉽게 덤벼들면 쉽게 정복할 수 있는 것이 바로 외국어입니다.

지금 바로 이 순간부터 한번 시도해 보십시오. 당신은 이 책을 가까이 두고 실생활에서 익히는 동안 충분히 실감하게 될 것입니다.

국제언어교육연구회

# 제2부  기초 일본어 회화

제 1 부

꼭 알아야 할 기본문법

# 1. 일본어 오십음도(五十音図)

일본 글을 가리켜 가나(かな)라고 하는데, 이에는 히라가나(ひらがな)와 가다가나(カタカナ)의 두 가지 글자체(字体)가 있다. 주로 히라가나를 사용하며, 가다가나는 외래어나 특수한 고유명사 등을 표기할 때 사용한다.

일본 글자는 기본 음절 오십 가지를 가지고 있으며, 이를 '오십음도(五十音図)'라 한다. 그런데 괄호 안의 글자는 중복되기 때문에 사실상 기본 글자는 44개인 셈이다.

# 2. 탁음(濁音)과 반탁음(半濁音)

탁음은 흐린 소리이며, 반탁음은 우리 말의 'ㅃ'행의 발음과 같다. 탁음은 か, さ, な, は의 4 행 밖에 없다. 탁음은 오른편 위에 점 두 개(˝)를 찍어서 나타내며 반탁음은 오른편 위에 둥근점(°)을 찍어서 나타낸다.

# 3. 요음(拗音)

요음은 자음의 'い'단에 반모음 'や, ゆ, よ'를 붙여서

# 오십음도(五十音図)

기본
문법

| 行＼段 | あ段 | い段 | う段 | え段 | お段 |
|---|---|---|---|---|---|
| あ行 | あ／ア 아 | い／イ 이 | う／ウ 우 | え／エ 에 | お／オ 오 |
| か行 | か／カ 카 | き／キ 키 | く／ク 쿠 | け／ケ 케 | こ／コ 코 |
| さ行 | さ／サ 사 | し／シ 시 | す／ス 스 | せ／セ 세 | そ／ソ 소 |
| た行 | た／タ 타 | ち／チ 치 | つ／ツ 츠 | て／テ 테 | と／ト 토 |
| な行 | な／ナ 나 | に／ニ 니 | ぬ／ヌ 누 | ね／ネ 네 | の／ノ 노 |
| は行 | は／ハ 하 | ひ／ヒ 히 | ふ／フ 후 | へ／ヘ 헤 | ほ／ホ 호 |
| ま行 | ま／マ 마 | み／ミ 미 | む／ム 무 | め／メ 메 | も／モ 모 |
| や行 | や／ヤ 야 | (い)／イ 이 | ゆ／ユ 유 | (え)／エ 에 | よ／ヨ 요 |
| ら行 | ら／ラ 라 | り／リ 리 | る／ル 루 | れ／レ 레 | ろ／ロ 로 |
| わ行 | わ／ワ 와 | (い)／ヰ 이 | (う)／ウ 우 | (え)／エ 에 | を／ヲ 오 |
| ん | ん／ン 응 | | | | |

# 탁음(濁音)과 반탁음(半濁音)

| 가<br>が<br>ガ | 기<br>ぎ<br>ギ | 구<br>ぐ<br>グ | 게<br>げ<br>ゲ | 고<br>ご<br>ゴ |
|---|---|---|---|---|
| 사<br>(자)<br>ざ<br>ザ | 지<br>じ<br>ジ | 스<br>(즈)<br>ず<br>ズ | 제<br>ぜ<br>ゼ | 소<br>(조)<br>ぞ<br>ゾ |
| 다<br>だ<br>ダ | 지<br>ぢ<br>ヂ | 즈<br>づ<br>ヅ | 데<br>で<br>デ | 도<br>ど<br>ド |
| 바<br>ば<br>バ | 비<br>び<br>ビ | 부<br>ぶ<br>ブ | 베<br>べ<br>ベ | 보<br>ぼ<br>ボ |
| 빠<br>(파)<br>ぱ<br>パ | 삐<br>(피)<br>ぴ<br>ピ | 뿌<br>(푸)<br>ぷ<br>プ | 뻬<br>(페)<br>ぺ<br>ペ | 뽀<br>(포)<br>ぽ<br>ポ |

| 갸<br>きゃ | 규<br>きゅ | 교<br>きょ |
|----------|----------|----------|
| 샤<br>しゃ | 슈<br>しゅ | 쇼<br>しょ |
| 쟈<br>ちゃ | 쥬<br>ちゅ | 죠<br>ちょ |
| 냐<br>にゃ | 뉴<br>にゅ | 뇨<br>にょ |
| 햐<br>ひゃ | 휴<br>ひゅ | 효<br>ひょ |
| 먀<br>みゃ | 뮤<br>みゅ | 묘<br>みょ |
| 랴<br>りゃ | 류<br>りゅ | 료<br>りょ |

두 자가 합하여 한 소리를 나타내는 것을 말한다. 이 경우
や, ゆ, よ는 작은 글자체로 나타낸다. 탁음과 반탁음중에
ぎ, じ, び, ぴ도 요음이 된다. 이 때의 발음은 탁음과 반탁
음의 발음과 같다.


## 4. 장음(長音)

일본어의 모음에는 짧은 모음을 길게 발음하는 긴 모음
이 있다. 긴 모음은 あ, い, う, え, お로써 나타낸다. 긴 모
음은 다만 짧은 모음을 길게 발음하면 된다.

오까— 상
おかあさん→어머니

이 모— 또
いもうと→누이동생

오— 끼이
おおきい→크다

이—
いい→좋다


## 5. 촉음(促音)

일본어에 있어서 촉음은 모음을 갑자기 멈출 때 생겨나
는 소리를 말한다. 우리말의 ㄱ, ㅅ, ㄷ, ㅌ, ㅂ, ㅍ 받침에
해당하는 음(音)이다. 이 촉음의 표시는 'っ'의 작은 글자
로 나타낸다.

각　꼬ー　　　　　　　깃　떼
かっこう→학교　　　きって→우표

## 6. ん의 발음

일본어의 'ん'은 우리말의 ㄴ, ㅁ, ㅇ받침에 해당하는 음이다.

ⅰ) ん음이 ㄴ이 되는 경우

ん 다음에 ㄷ, ㅌ, ㅊ, ㄴ음이 붙을 때는 'ㄴ'과 같다.

혼　다나　　　　　　　덴　또
ほんだな→책꽂이　　　テント→천막

빼ㄴ　찌　　　　　　　돈　네루
ペンチ→벤치　　　　　トンネル→터널

ⅱ) ん음이 ㅁ이 되는 경우

ん 다음에 ㅁ, ㅂ, ㅍ(ㅃ)이 계속될 때는 'ㅁ'과 같다.

젠　마이　　　　　　　단　뽀뽀
ぜんまい→태엽　　　　たんぽぽ→민들레

ⅲ) ん음이 ㅇ이 되는 경우

낱말의 끝이 '가'자 줄의 앞에 올 때는 'ㅇ'과 같다.

링　고　　　　　　　　홍
りんご→사과　　　　　はん→책

## 7. 토씨 は, へ의 발음

i ) 'は'는 보통 '와'로 발음한다.

와다구시와 각 세이데스
わたくしはがくせいです。　　나는 학생입니다.

고레와 뺀 데스
これはペンです。　　　　　이것은 펜입니다.

ii ) 'へ'는 보통 '에'로 발음한다.

소우루에이끼마스
ソウルへいきます。　　　　서울에 갑니다.

각　꼬ー에이끼마스
かっこうへいきます。　　　서울에 갑니다.


## 8. 격조사(格助詞) を의 사용

'を'는 주로 격조사로 쓰인다.

홍　오 요미마스
ほんをよみます。　　　　　책을 봅니다.

고항　오다베마스
ごはんをたべます。　　　　밥을 먹습니다.

# 9. 초보자가 꼭 외워 두어야 할 기본 단어

## (1) 수효에 관한 단어

이찌(히도쓰)
いち(ひとつ)→하나

니(후다쓰)
に(ふたつ)→둘

상(밋쓰)
さん(みっつ)→셋

시(욧쓰)
し(よっつ)→넷

고(이쓰쓰)
ご(いっつ)→다섯

로꾸(뭇쓰)
ろく(むっつ)→여섯

시찌(나나쓰)
しち(ななつ)→일곱

하찌(얏쓰)
はち(やっつ)→여덟

구(고고노쓰)
く(ここのつ)→아홉

쥬우(도오)
じゅう(とお)→열

쥬우이찌
じゅういち→열하나

쥬우니
じゅうに→열둘

쥬우상
じゅうさん→열셋

쥬우시
じゅうし→열넷

쥬우고
じゅうこ→열다섯

쥬우로꾸
じゅうろく→열여섯

쥬우시찌
じゅうしち→열일곱

쥬우하찌
じゅうはち→열여덟

쥬우구(쥬우큐우)
じゅうく(じゅうきゅう)→열아홉

니쥬우
にじゅう→스물

산쥬우
さんじゅう→서른

시쥬우(욘쥬우)
しじゅう(よんじゅう)→마흔

고쥬우
ごじゅう→쉬흔

로꾸쥬우
ろくじゅう→예순

나나쥬우
ななじゅう→일흔

하찌쥬우
はちじゅう→여든

규우쥬우
きゅうじゅう→아흔

햐꾸
ひゃく→백

셍
せん→천

망
まん→만

※ 주의할 점 : 일본어에서 차례를 나타낼 때는 だい(다이)라는
   말을 수효의 앞쪽에 붙인다.

다이이찌
だいいち→첫째

다이니
だいに→둘째

다이상
だいさん→셋째

영(零)의 발음은 れい(레이)라고 읽는다.

## (2) 요일(曜日)에 관한 단어

니찌요오비
にちようび→일요일

게쓰요오비
げつようび→월요일

가요오비
かようび→화요일

스이요오비
すいようび→수요일

모꾸요오비
もくようび→목요일

깅요오비
きんようび→금요일

도요오비
どようび→토요일

## (3) 달(月)에 관한 단어

이찌가스
いちがつ→1월

니가쓰
にがつ→2월

상가쓰
さんがつ→3월

시가쓰
しがつ→4월

고가쓰
ごがつ→5월

로꾸가쓰
ろくがつ→6월

시찌가쓰
しちがつ→7월

하찌가쓰
はちがつ→8월

구가쓰
くがつ→9월

쥬우가쓰
じゅうがつ→10월

쥬우이찌가쓰
じゅういちがつ→11월

쥬우니가쓰
じゅうにがつ→12월

## (4) 계절에 관한 단어

하루
はる→봄

나쓰
なつ→여름

아끼
あき→가을

후유
ふゆ→겨울

## (5) 방위에 관한 단어

히가시
ひがし→동쪽

니시
にし→서쪽

미나미
みなみ→남쪽

기다
きた→북쪽

## (6) 시간에 관한 단어

지
じ→시(詩)

이찌지
いちじごふん→한 시

훙
ふん→분(分) 또는

붕
ぶん→분(分)

고훙
ごふん→5분

이찌지 고훙
いちじごふん→1시 5분

쥬우니지 산쥽붕
じゅうにじさんじゅっぷん→12시 30분

쥬우니지 항
じゅうにじはん→열두 시 반

니지 고훙 마에
にじ ごふん まえ→2시 5분 전

뵤오
びょう→초(秒)

잇뿡 산뵤오
いっぷんさんびょう→1분 3초

22

## (7) '때'에 관한 단어

아사
あさ→아침

히루
ひる→낮

요루
よる→밤

방
ばん→밤, 저녁 때

よる(밤)은 해가 진 후부터 다음날 해가 뜰 때까지를 말한다.

ばん은 해가 질 무렵의 저녁 때를 말한다.

유우가다
ゆうがた→저녁 때, 해질녘

고젠
ごぜん→오전

고고
ごご→오후

쇼오고
しょうご→정오

요나까
よなか→밤중

교오
きょう→오늘

아시따
あした→내일

기노오
きのう→어제

게사
けさ→오늘 아침

아시따노방
あしたのばん→내일 저녁

기노오노 요루
きのうのよる→어젯밤

곤니찌
こんにち→오늘

사꾸지쓰
さくじつ→어제

고도시
ことし→금년

사꾸넨
さくねん→작년

교넨
きょねん→지난해

고도시노 이찌가쓰
ことしのいちがつ→금년 1월

고도시노 쇼오가쓰
ことしのしようがつ→금년 정월

교넨노 하루
きょねんのはる→지난해(작년) 봄


## (8) 일기(날씨)에 관한 단어

하레
はれ→개이다, 맑다

구모리
くもり→흐리다

아메
あめ→비

유끼
ゆき→눈

가제
かぜ→바람

시모
しも→서리

고오리
ごおり→얼음

가미나리
かみなり→천둥

이나비까리
いなびかり→번개

쓰유
つゆ→이슬

아라레
あられ→싸라기눈

가스미
かすみ→아지랑이, 안개


## (9) 몸(身體)에 관한 단어

아다마
あたま→머리

가미
かみ→머리털

가오
かお→얼굴

메
め→눈

하나
はな→코

미미
みみ→귀

구찌
くち→입

구찌비루
くちびる→입술

하
は→이

구비
くび→목

아시
あし→발

데
て→손

유비
ゆび→손가락

오야유비
おやゆび→엄지손가락

히도사시유비
ひとさしゆび→검지손가락

구스리유비
くすりゆび→무명지(약손가락)

나까유비
なかゆび→가운데 손가락

고유비
こゆび→새끼손가락

무네
むね→가슴

가다
かた→어깨

우데
うて→팔

고시
こし→허리

세
せ→등, 키

하라
はら→배


## (10) 가족(家族)에 관한 단어

오또오상
おとおさん→아버지

오까아상
おかあさん→어머니

지지
ちち(父)→아버지

하하
はは(母)→어머니

오지이상
おじいさん→할아버지

오바아상
おばあさん→할머니

소후
そふ(祖父)→할아버지

소보
そぼ(祖母)→할머니

옷도
おっと(夫)→남편

쓰마
つま(妻)→아내

무스꼬
むすこ(子息)→아들

무스메
むすめ(女息)→딸

아니
あに(兄)→형

오도오또
おとうと(弟)→동생

아네
あね(姉)→누이

이모오또
いもうと(妹)→누이동생

오지(상)
おじ(さん)→아저씨

오바(상)
おば(さん)→아주머니

고도모
こども→어린아이

이도꼬
いとこ→조카

아깐보오
あかんぼう→갓난아이

료오신
りょうしん(兩親)→양친

교오따이
きょうだい(兄弟)→형제

시마이
しまい(姉妹)→자매

온나노고
おんなのこ→여자 아이

오도꼬노고
おとこのこ→남자 아이

주의: 일본에서는 자기의 가족을 다른 사람(남)에게 말할
      때에는 낮추어 말하며, 남의 가족은 높여서 경어로
      말한다.
      위에 예를 든 것들은 자기 가족을 말할 때 쓰는 말
      이며, 아래에 예를 든 것은 남의 가족을 말할 때 쓰

는 말이므로 기억해 두기 바란다.

오지이상
そふ―おじいさん→할아버지

오바아상
そば―おばあさん→할머니

오또오상
ちち―おとうさん→아버지

오까아상
はは―おかあさん→어머니

오니이상
あに―おにいさん→형님

오네에상
あね―おねえさん→누님

오지상
おじ―おじさん→아저씨

오바상
おば―おばさん→아주머니

오도오또상
おとうと―おとうとさん→아우님

이모오또상
いもうと―いもうとさん→매씨

무스고상
むすこ―むすこさん→아드님

옥상
つま―おくさん→부인

오죠오상
むすめ―おじょうさん→따님


## (11) 집(건물)에 관한 단어

몽
もん→문(門)

도
と→문(戸)

쇼오지
しょうじ→미닫이

가이단
かいだん→계단

엥가와
えんがわ→툇마루

야네
やね→지붕

나와
にわ→뜰

쇼꾸도오
しょくどう→식당

겡깐
げんかん→현관

마도
まど→창

후스마
ふすま→장지

유까
ゆか→마루

가베
かべ→벽

덴죠오
てんじょう→천장

이마
いま→안방

오오세쓰마
おうせつま→응접실

도꼬노마
とこのま→일본식 방에서 방바닥을 약간 높게 하고, 앞쪽에
              그림이나 족자를 걸어놓는 곳. 대개 응접실이나
              사랑방으로 쓴다.

후로바
ふろば→목욕탕

오시이레
おしいれ→다락

다이도꼬로
だいどころ→부엌

벤죠
べんじょ→변소

셈멘죠
せんめんじょ→세면실

신시쓰
しんしつ→침실

헤야
へや→방

다다미
たたみ→일본식 돗자리

## (12) 옷에 관한 단어

기모노
きもの→일본식 옷

하오리
はおり→겉옷

오비
おび→허리띠

다비
たび→일본 버선

게다
げた→나막신

하까마
はかま→치마

조오리
ぞうり→일본의 짚신

보오시
ぼうし→모자

요오후꾸
ようふく→양복

우와기
うわぎ→양복 저고리

시다기
したき→내의

구쓰
くつ→구두

구쓰시다
くつした→양말

데부꾸로
てぶくろ→장갑

※ 주의: きもの, たび, ぞうり, はかま, はおり 등은 일본의
고유한 옷이다.

## (13) 식사(食事)에 관한 단어

아사고항
あさごはん→아침밥

히루고항
ひるごはん→점심

유우고항
ゆうごはん→저녁밥

(오)시루
(お)しる→국

규유니꾸
きゅうにく→쇠고기

부다니꾸
ぶたにく→돼지고기

스끼야끼
すきやき→전골

스시
すし→초밥

낫또오
なっとう→청국콩

사시미
さしみ→생선회

덴뿌라
てんぷら→튀김

돈부리
とんぶり→덮밥

소오니
ぞうに→떡국

젠사이
ぜんさい→단팥죽

(오)가유
(お)かゆ→죽

니꾸
にく→고기

다마고
たまご→계란

규우뉴우
ぎゅうにゅう→우유

야사이
やさい→채소

시오
しお→소금

사도오
さとう→설탕

소오유
しょうゆ→간장

미소
みそ→된장

(오)쨔
(お)ちゃ→차

하시
はし→젓가락

사라
さら→접시

짜왕
ちゃわん→찻잔, 공기

세끼항
せきはん→팥밥

## (14) 짐승에 관한 단어

이누
いぬ→개

고이누
こいぬ→강아지

네꼬
ねこ→고양이

네즈미
ねずみ→쥐

우마
うま→말

우시
うし→소

오우시
おうし→황소

메우시
めうし→암소

부다
ぶた→돼지

우사기
うさぎ→토끼

히쓰지
ひつじ→양

도라
とら→호랑이

니와도리
にはとり→닭

온도리
おんとり→수탉

멘도리
めんとり→암탉

히요꼬
ひよこ→병아리

도리
とり→새

가라스
からす→까치

# (15) 나무·과일·채소 등에 관한 단어

기
き→나무

마쓰
まつ(のき)→소나무

사꾸라
さくら→벚꽃(나무)

모미
もみ→전나무

유리
ゆり→백합

바라
バラ→장미

하나
はな→꽃

가끼
りんご→사과

가끼
かき→감

나시
なし→배

규우리
きゅうり→오이

부도오
ぶとう→포도

네기
ねぎ→파

다이꽁
だいこん→무우

닌징
にんじん→홍당무

하꾸사이
はくさい→배추

고보오
ごぼう→우엉

쟈가이모
じゃがいも→감자

사도이모
さといも→토란

사쓰마이모
さつまいも→고구마

## (16) 자연에 관한 단어

소라
そら→하늘

다이요오
たいよう→태양

오히사마
おひさま→해

쓰끼
つき→달

호시
ほし→별

구모
くも→구름

야마
やま→산

가와
かわ→내, 개울

이께
いけ→못

미스우미
みずうみ→호수

우미
うみ→바다

시마
しま→섬

지뀨우
ちきゅう→지구

하야시
はやし→수풀

## (17) 직장·직업에 관한 단어

고오무인
こうむいん→공무원

가이샤인
かいしゃいん→회사원

지쓰교오까
じつぎょうか→실업가

깅꼬오인
ぎんこういん→은행원

슈징
しゅじん→주인

쇼오교오
しょうぎょう→상업

샤쬬오
しゃちょう→사장

부쬬오
ぶちょう→부장

가쪼ㅛ오
かちょう→과장

가까리쪼ㅛ오
かかりちょう→계장

시텐쪼ㅛ오
してんちょう→지점장

히쇼
ひしょ→비서

슈닝
しゅにん→주임

쇼오닝
しょうにん→상인

뎅인
てんいん→점원

이샤
いしゅ→의사

강고후
かんごふ→간호부

죠슈
じょしゅ→조수

센세이
せんせい→선생님

교오쥬
きょうじゅ→교수

기시
ぎし→기사

게이깡
けいかん→경관

고오쪼ㅛ오
こうちょう→교장

규우지
きゅうじ→사환


## (18) 빛깔(색깔)에 관한 단어

아오
あお→파랑

아까
あか→빨강

시로
しろ→흰

구로
くろ→검정

기
き→노랑

미도리
みどり→초록

무라사끼
むらさき→보라

공
こん→곤색

**34**

짜이로
ちゃいろ→밤색

아이
あい→남색

하이
はい→재색

베니
べに→다홍

## (19) 교통에 관한 단어

덴샤
でんしゃ→전차

기도오샤
きどうしゃ→자동차

빠스
バス→버스

료갸꾸셍
りょきゃくせん→여객선

유란셍
ゆうらんせん→유람선

히고오기
ひこうき→비행기

기셍
きせん→기선

지덴샤
じてんしゃ→자전거

기샤
きしゃ→기차

지까데쓰
ちかてつ→지하철

에끼
えき→역

후네
ふね→배(船)

돗규우
とっきゅう→특급

## (20) 기타 중요 단어

도오리
とおり→거리

미찌
みち→길

다데모노
たてもの→건물

료깡
りょかん→여관

제1부 기본 문법 **35**

뵤오인
びょういん→병원

유우빙교꾸
ゆうびんきょく→우체국

게끼죠오
げきじょう→극장

고오바
ごうば→공장

고오엥
こうえん→공원

각꼬오
かっこう→학교

교오까이
きょうかい→교회

도쇼깡
としょかん→도서관

하꾸부스깐
はくぶつかん→박물관

에끼
えき→정거장

제 2 부

기초 일본어 회화

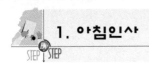
Ⓐ 미스 박, 안녕하십니까?

Ⓑ 미스터 김, 안녕하십니까?

Ⓐ 좋은 날씨군요.

Ⓑ 정말 좋은 날씨군요.

Ⓐ 요즘 어떻게 지내십니까?

Ⓑ 예, 덕분에. 미스터 김은요?

Ⓐ 아, 덕분에. 저도 잘 있습니다.(건강합니다.)

**포인트 단어**

● あさ(朝)⇒아침 ● あいさつ⇒인사
● おはよう⇒아침에 만나는 사람에게 건네는 인사말로
'안녕하십니까?'란 뜻이다. 영어의 'good-morning'에
해당한다. 동년배이거나 손아래 사람에게는 'おはよう'

아 사 노 아 이 사 쓰
**あさのあいさつ。**

---

A
박 상　　오 하 요 오 고 자 이 마 스
朴さん。おはようございます。

---

B
김 상　　오 하 요 오 고 자 이 마 스
金さん。おはようございます。

---

A
이 이 뎅 끼 데 스 네
いいてんきですね。

---

B
혼 또 오 니 이 이 뎅 끼 데 스 네
ほんとうにいいてんきですね。

---

A
사 이 낑 이 까 가 데 스 까
最近いかがですか。

---

B
에 에 오 까 게 사 마 데 겡 끼 데 스 김 상 와
ええ、おかげさまで、元気です。金さんは。

---

A
에 에 오 까 게 사 마 데 와 다 시 모 겡 끼 데 스
ええ、おかげさまで、私も元気です。

**포인트 단어**

라고 하면 되지만 손아래 사람에게는 반드시 'ございま
す'를 붙여야 한다. 'おはよう'는 우리말로 '안녕?'과
같으므로 'おはようございます'라고 하여 '안녕하십니
까?'와 같은 존대의 표현을 하여야 한다

**39**

## 2. 낮인사

Ⓐ 안녕하십니까?

Ⓑ 아, 안녕하십니까?

Ⓐ 어디 가시는 길입니까?

Ⓑ 예, 잠깐 물건 좀 사러가는 길입니다.

Ⓐ 오랫동안 뵙지 못했습니다만,

모두들 안녕하신지요?

Ⓑ 예, 덕택으로 모두들 잘 있습니다. 그럼, 안녕히 가십시오.

**포인트 단어**

● こんにちは⇒낮인사로, 영어의 'goodafternoon'에 해당한다

● あっ⇒가벼운 탄성의 소리다. 우리말로는 '아'로 해석하는 것이 바람직하다

40

히루노아이사쓰
## ひるのあいさつ。

ⓐ 곤 니 찌 와
こんにちは。

ⓑ 앗 곤 니 찌 와
あっ、こんにちは。

ⓐ 도 꼬 가 에 오 데 가 께 데 스 까
どこかへおでかけですか。

ⓑ 에 에, 죠 또 가이모노니이꾸도 꼬 로 데 스
ええ、ちょっと買物に行くところです。

ⓐ 시 바 라 꾸오아이시 마 센 데 시 다 가
しばらくおあいしませんでしたが、

민나 상 오 까 와 리 아 리 마 센 까
皆さんおかわりありませんか

ⓑ 에 에, 오 까 게 사 마 데 민 나 겡 끼 데 스
ええ、おかけさまでみんな 元気です。

데 와 사 요 나 라
では、さようなら。

41

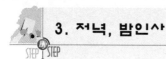
ⓐ 안녕하십니까?

ⓑ 어머, 미스터 김, 안녕하세요?

ⓐ 몹시 덥군요.

ⓑ 정말 견디기 어려워요

ⓐ 어디 외출하십니까?

ⓑ 네, 친구집에 초대 받았거든요.

ⓐ 그거 좋은 일이군요. 무슨 축하인가요?

ⓑ 네, 생일 파티예요.

### 포인트 단어

- よる⇒밤
- こんばんは⇒저녁이나 밤의 인사말로, 영어의 'good evening'에 해당한다

요루노아이사쓰
# よるのあいさつ。

---

곤 방 와
Ⓐ こんばんは。

---

마아 김 상 곤 방 와
Ⓑ まあ、金さん、こんばんは。

---

도 떼모 무시아쓰이데스 네
Ⓐ とてま、むしあついですね。

---

혼 또오니다 마리마 센 네
Ⓑ はんとうにたまりませんね。

---

오 데 가 께데스 까
Ⓐ おでかけですか。

---

에 에 도모다찌 니 쇼따이오 사레 단 데스요
Ⓑ ええ、ともだちに招待をされたんですよ。

---

소 레 와 요 갓 따데스 네 난까 오이와이데스 까
Ⓐ それは、よかったですね。何かお祝いですか。

---

에 에 오 단 죠오니찌노 빠 띠 데스노
Ⓑ ええ、おたんじょう日のパーティですの。

---

### 포인트 단어

- とても⇒몹시, 매우
- むしあつい⇒무덥다, 확확 찐다. 후덥지근하게 덥다
- たんじょう⇒태어남. 탄생

43

Ⓐ 안녕하십니까?

Ⓑ 안녕하십니까?

실례입니다만, 성함이 어떻게 되십니까?

Ⓐ 박(朴)이라고 합니다.

Ⓑ 처음 뵙겠습니다.

저는 이(李)라고 합니다. 잘 부탁합니다.

Ⓐ 처음 뵙겠습니다. 저야말로 잘 부탁드립니다.


Ⓑ 자아, 어서 앉으십시오.

Ⓐ 감사합니다.

하 지 메 데 아이 사 쓰
# はじめてあいさつ.

Ⓐ
곤 니 찌 와
こんにちは。

Ⓑ
곤 니 찌 와　시 쓰 레 이 데 스 가
こんにちは。しつれいですが、

오 나 마 에 와 난 또 옷 샤 이 마 스 까
おなまえはなんとおっしゃいますか。

Ⓐ
박 또 모 우 시 마 스
朴ともうします。

Ⓑ
하 지 메 마 시 떼
はじめまして。

와 다 꾸 시 와　이 데 스　도 오 조 요 로 시 꾸
わたくしは 李です。どうぞよろしく。

Ⓐ
하 지 메 마 시 떼　고 찌 라 꼬 소
はじめまして。こちらこそ、

도 오 조 요 로 시 꾸 오 네 가 이 시 마 스
どうぞよろしくおねがいします。

Ⓑ
사 아　도 오 조 오 가 께 구 다 사 이
さあ、どうぞおかけください。

Ⓐ
아 리 가 또 오 고 자 이 마 스
ありがとうございます。

Ⓐ 기분 좋은 날이군요.

Ⓑ 예, 그렇군요. 그런데, 어디에?

Ⓐ 잠깐 저기까지 산책하러 가려는 참입니다.

Ⓑ 그래요? 아침 산책은 좋지요.

Ⓐ 예, 그런데 미스터 김은 어디에?

Ⓑ 나는 저기까지 물건을 사러 갑니다.

### 포인트 단어

- さわやかな⇒상쾌한, 기분좋은, 산뜻한
- きもち⇒기분
- いいひ⇒좋은 날. いいは 좋다, ひ(日)는 날
- ほんとうに⇒정말로, 참으로, 그렇군요
- ところで⇒그런데
- どちら⇒어느 곳, 어느 방향, 어느쪽, 어디.
- ちょっと⇒잠시, 잠깐 • そこ⇒거기, 그곳, 그 장소
- ~から~まで⇒ ~부터 ~까지 • まで⇒~까지
- さんぽ⇒산책, 산보 • わたし⇒わたくし⇒나

사 와 야 까 나 아 사
## さわやかなあさ

기 모 찌 노 이 히 데 스 네
Ⓐ 気扮ちのいい日ですね。

에 에　혼 또 오 니　도 꼬 로 데　도 찌 라 에
Ⓑ ええ、はんとうに。ところで、どちらへ。

죠 또 소 꼬 마 데 산 뽀 니 이 꾸 도 꼬 로 난 데 스 요
Ⓐ ちょっとそこまでさんぽに行くところなんですよ。

소 오 데 스 까　아 사 노　산 뽀 와 이 이 데 스 네
Ⓑ そうですか。あさのさんぽはいいですね。

에 에　도 꼬 로 데 김 상 와 도 찌 라 에
Ⓐ ええ、ところで金さんはどちらへ。

와 다 시 와 소 꼬 마 데 　가 이 모 노 니 이 꾸 도 꼬 로 데 스
Ⓑ 私はそこまで、かいものに行くところです。

---

## 기본적인 소개

### ▶제 소개를 할까요?

지 꼬 쇼 오 까 이 오 사 세 떼 이 다 다 끼 마 스 까
自己紹介をさせていただきますか。

### ▶나의 이름은 김동수입니다.

와 타 시 와 김 동 수 데 스
私はキムドンスです。

### ▶성은 김이고 이름은 동수입니다.

세 이 와 김 데 나 마 에 와 동 수 데 스
せいはキムで、なまえはドンスです。

47

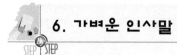

# 6. 가벼운 인사말

Ⓐ 좋은 날씨군요.

Ⓑ 그래요. 이제 가을인걸요.

Ⓐ 오늘은 학교에 가십니까?

Ⓑ 아니요, 학교에 가지 않습니다. 도서관에 갑니다.

Ⓐ 무엇을 타고 가십니까?

Ⓑ 보통 버스를 타고 갑니다.

Ⓐ 내일도 좋은 날씨가 될 것 같습니까?

Ⓑ 아니요, 내일은 비가 온다고 하는군요.

---

### 포인트 단어

- かるい⇒가벼운, 부담없는  • あいさつ⇒인사
- いい⇒좋다  • おてんき⇒날씨. 이 경우에는 주로 '좋은 날씨'의 뜻이다  • ほんとうに⇒참으로, 진실로, 정말로  • もう⇒어느덧, 이제, 또, 벌써  • あき⇒가을

48

## 가루이 아이 사 쓰 노고도바
## かるいあいさつの言葉

(A) 이 이 오 뎅 끼데스네
いいおてんきですね。

(B) 혼 또오니 모오아끼데스네
ほんとうに。もうあきですね。

(A) 교 오 와 각 꼬오데스 까
今日はがっこうですか。

(B) 이이에 각 꼬오 쟈 아리마 셍 도 쇼 깐데스
いいえがっこうじゃありません。としょかんです。

(A) 나 니 니 놋 떼이 랏 샤 이마스 까
なににのっていらっしゃいますか。

(B) 다 이 떼이바스데스
たいていバスです。

(A) 아스모 뎅 끼니 나루 또오모이마스 까
あすもてんきになるとおもいますか。

(B) 이이에 아스와 아메 가 후루 소오데스요
いいえ、あすはあめがふるそうですよ。

### 포인트 단어

• きょう(今日)⇒오늘, 금일 • がっこう⇒학교
• いいえ⇒아니오. 부정을 뜻함 ～じゃありません⇒～
이 아닙니다 • としょかん⇒도서관 • なに⇒무엇
• なにに⇒무엇을 • たいてい⇒대개

**49**

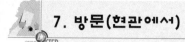

Ⓐ 실례합니다.

Ⓑ 예.

Ⓐ 조금 전에 전화를 드린 박(朴)이라는

사람입니다만, 윤(尹)선생 댁에 계시는지요?

Ⓑ 예, 잠시만 기다려 주십시오.

Ⓐ 예.

Ⓑ 기다리시게 해서 죄송합니다.

어서 올라오십시오.

Ⓐ 그럼, 좀 실례하겠습니다.

호오 몬 (겐 깐 데)
# ほうもん(げんかんで)

ⓐ
고 멘 구 다 사 이
ごめんください。

ⓑ
하 이
はい。

ⓐ
사 끼 호 도 오 뎅 와 사 시 아 게 마 시 따 박 또 이 우
さきほどおでんわさしあげました朴という

모 노 데 스 가  윤 상 이 랏  샤 이 마 스 까
ものですが、尹さんいらっしゃいますか。

ⓑ
하 이,  죠  또 오 마 찌 구 다 사 이 마 세
はい、ちょっとおまちくださいませ。

ⓐ
하 이
はい。

ⓑ
도 오 모 오 마 따 세 시 마 시 따
どうもおまたせしました。

도 오 조 오 아 가 리 구 다 사 이
どうぞおあがりください。

ⓐ
데 와  시 쯔 레 이 따 시 마 스
では、しつれいたします。

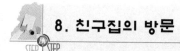

Ⓐ 여보세요. 문자씨 계시나요?

Ⓑ 문자는 지금 없습니다만

누구십니까?

Ⓐ 저 박 양인데요.

Ⓑ 아아. 문자의 친구로군요.

분명히 고교 시절의?

Ⓐ 예, 그렇습니다.

Ⓑ 박양, 나는 문자의 엄마예요.

Ⓐ 어머, 어머님이세요? 오래간만입니다.

도 모 다 찌 노 이 에 노 호 오  몬
# ともだちのいえのほうもん

모시모시  문  자  상  이 랏 샤 이 마 스 까
Ⓐ もしもし、ムンジャさん、いらっしゃいますか。

 문  자 와 이 마 이 마 셍 가
Ⓑ ムンジャはいまいませんが。

도 나 따 상 데  쇼  오 까
どなた様でしょうか。

와 다 시 박 또 모 우 시 마 스
Ⓐ わたし朴ともうします。

아 아   문  자 노 오 도 모 다 찌 데 스 네
Ⓑ ああ、ムンジャのおともだちですね。

다 시 까  고 오 고 오 지 다 이 노
たしか、こうこうじだいの。

에 에  소 오 데 스
Ⓐ ええ、そうです。

박  상  문  자 노 하 하 데 스
Ⓑ 朴さん、ムンジャのははです。

아 아  오 까 아 상  데 스 까
Ⓐ ああ、おかあさんですか。

고 부 사 따 이 따 시 떼 오 리 마 스
ごぶさたいたしております。

Ⓐ 참 잘 오셨습니다.

---

오늘은 학교 강의가 없습니까?

---

Ⓑ 예, 오후 시간은 비어있기 때문에…

---

그런데, 폐가 되지 않겠습니까?

---

Ⓐ 아니요, 마침 시간이 비어서

---

지루하던 참입니다.

---

Ⓑ 그러면 이만 물러가겠습니다.

---

**포인트 단어**

● わかれるとき⇒헤어질 때. ● わかれる⇒헤어지다.
● きょう(今日)⇒오늘, 금일. ● ようこそ⇒정말, 잘.
● がっこう(学校)⇒학교. ● やすみ⇒쉼, 휴식, 휴가.
● ございます⇒「あります」의 정중한 말.
● ひま⇒한가, 틈, 시간, 짬. ● すこし⇒약간, 조금.
● じゃま⇒방해. ● おそくまで⇒늦게까지.

와 까 레 루 도 끼
## わかれるとき

Ⓐ
요 오 꼬 소 이   랏   샤   이 마 시 다
ようこそいらっしゃいました。

교 오 와 각   꼬 오 와 오 야 스 미 데 스 까
今日はがっこうはおやすみですか。

Ⓑ
하 이   고 고 와 나 니 모 아 리 마 셍   노 데
はい、ごごは何もありませんので…、

데 모   오   쟈 마 데 와 고 자 이 마 셍   까
でも、おじゃまではございませんか。

Ⓐ
이 이 에   돈   데 모 아 리 마 셍   죠   오 도
いいえ、とんでもありません、ちょうど

히 마 데 따 이 꾸 쓰 시 떼 이 따 도 꼬 로 데 스
ひまでたいくつしていたところです。

Ⓑ
소 레   쟈   소 로 소 로 오 이 도 마 시 마 스
それじゃ、そろそろおいとまします。

---

### 외국에서

▶ **저는 한국에서 왔습니다.**

와타시와 간코쿠카라 기마시다
私はかんこくからきました。

▶ **잘 부탁합니다.**

요로시꾸 오네가이 이따시마스
よろしくおねがいいたします。

---

**55**

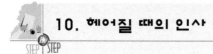

Ⓐ 여러 가지로 폐가 많았습니다.

Ⓑ 아닙니다. 제가 오히려.

다시 뵙게 될 지도 모르겠습니다.

Ⓐ 이 다음 부산에도 꼭 와 주십시오.

기다리고 있겠습니다.

Ⓑ 자, 그럼 천천히 들어가 보셔야죠.

Ⓐ 예, 아무쪼록, 몸 건강하시고 안녕히 계십시오.

Ⓑ 그럼, 조심해서 안녕히 가십시오.

## わかれるときのあいさつ

와 까 레 루 도 끼 노 아 이 사 쓰

---

(A) いろいろおせわになりました。
이 로 이 로 오 세 와 니 나 리 마 시 따

---

(B) いいえ、こちらこそ。
이 이 에 　 고 찌 라 꼬 소

---

またおめにかかれるかもしれませんね。
마 따 오 메 니 가 까 레 루 까 모 시 레 마 셍 네

---

(A) こんどぜひ釜山にもいらっしゃってく
곤 　 도 제 히 푸 산 니 모 이 랏 　 샤 　 떼 구

---

ださい。おまちしでおります。
다 사 이 　 오 마 찌 시 떼 오 리 마 스

---

(B) ぜひ、じゃ、もうそろそろおはいりにな。
제 히 　 쟈 　 모 오 소 로 소 로 오 하 이 리 니 나

---

らないといけませんね。
라 나 이 또 이 께 마 셍 네

---

(A) ええ、ではおげんきでさようなら。
에 에 　 데 와 오 　 겡 끼 데 사 　 요 　 나 라

---

(B) じゃ、お気をつけてさようなら。
쟈 　 오 끼 오 쓰 게 데 사 　 요 　 나 라

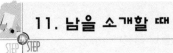

# 11. 남을 소개할 때

Ⓐ 소개하겠습니다.

이 분은 경자씨입니다.

이 분은 김 선생입니다.

Ⓑ 처음 뵙겠습니다. 잘 부탁합니다.

Ⓒ 처음 뵙겠습니다. 미스터 김이라고 합니다.

제가 오히려 잘 부탁합니다.

Ⓑ 김 선생이십니까? 성함은 잘 알고 있습니다.

### 포인트 단어

- ひと⇒사람, 다른 사람, 남
- しょうかい(紹介)⇒소개
- しょうかいする⇒소개하다
- はじめ⇒처음
- はじめまして⇒처음 뵙겠습니다

58

히또오쇼오까이스루도 끼
## 人を紹介するとき

Ⓐ
고쇼오까이이따시 마 스
ご紹介いたします。

고 찌 라 와경자 상 데 스
こちらは景子さんです。

고 찌 라 와김 상 데 스
こちらは金さんです。

Ⓑ
하 지 메 마 시 떼 　 도 오 조 요 로 시 꾸
はじめまして。どうぞよろしく。

Ⓒ
하 지 메 마 시 떼 　김 또모우시마 스고 찌 라 꼬 소
はじめまして。金と申しますこちらこそ。

도 오 조 요 로 시 꾸오네가이 시 마 스
どうぞよろしくお願いします。

Ⓑ
김 상 데 스 까
金さんですか。

오 나마에와 요 꾸존 지 아 게 떼 오 리 마 스
お名前はよく存じあげております。

**포인트 단어**

- こちら ⇒ 이쪽, 이 분
- どうぞ ⇒ 부디, 제발, 아무쪼록

Ⓐ 오늘은 몇 일입니까?

Ⓑ 3월 3일입니다.

Ⓐ 당신 생일은 언제입니까?

Ⓑ 8월 15일입니다.

### 포인트 단어

- ひどり(日取)날짜, 일정(日程).
- たい(対)する⇒대하다, 대한. • きょう⇒오늘, 금일.
- なんにち⇒몇일. • さんがつ⇒3월 • みっか⇒3일.
- きみ⇒자네, 너, 군. • たんじょうび⇒생일.
- はちがつ⇒8월. • じゅうごにち⇒15일.
- いちがつ⇒1월. • にがつ⇒2월. • しがつ⇒4월
- ごがつ⇒5월 • ろくがつ⇒6월. • しちがつ⇒7월.
- くがつ⇒9월. • じゅうがつ⇒10월.
- じゅういちがつ⇒11월. • じゅうにがつ⇒12월.
- いち⇒일. • に⇒이. • さん⇒삼. • し⇒사. よ또는 よん이라고도 한다. • ご⇒오. • ろく⇒육. • しち⇒칠. な な라고도 한다. • はち⇒팔. • く⇒구. きゅう라고도 한다. • じゅう⇒십.

히 도 리 니 간  스 루 따 이 와
## ひどりにかんする対話

ⓐ
교 오 와  난  니 찌 데 스 까
きょうはなんにちですか。

ⓑ
산  가 쓰  밋  까 데 사
さんがつみっかです。

ⓐ
아 나 따 노 단   죠 오 비 와 이 쓰 데 스 까
あなたのたんじょうびはいつですか。

ⓑ
하 찌 가 쓰 쥬 ― 고 니 찌 데 스
はちがつじゅうごにちです。

---

### 기본적인 인사

▶제 부인과 인사하시죠.

와 타 시 노  가 나 이 데 스
私のかないです。

▶처음 뵙겠습니다. 부인

하 지 메 마 시 데  옥 상
はじめまして、おくさん。

▶다나카씨한테서 말씀 많이 들었습니다.

다 나 카 상  까 라  우 까 갓 떼  오 리 마 시 다
たなかさんからうかがっておりました。

61

Ⓐ 자네는 몇 살인가?

Ⓑ 열일곱 살입니다.

Ⓐ 자네는 몇 살인가?

Ⓒ 저도 열일곱 살입니다.

Ⓐ 그러면, 자네 동생은 몇 살인가?

Ⓑ 5월이 되면 열세 살입니다.

### 포인트 단어

- とし(年)⇒나이, 해.
- きみ⇒자네, 너, 군.
- なんさい⇒몇 살.    • じゅうさんさい⇒열세 살.
- じゅうしちさい⇒열일곱 살.
- ぼく⇒나, 자기 자신을 낮추어 부르는 말.
- おとうと⇒동생.    • ごがつ⇒5월
- なります⇒됩니다.
- 問答(もんどう)⇒문답.
- 禅問答(ぜんもんどう)⇒선문답.

도시니 간 스루 몬 도우
## としにかんする もんどう

Ⓐ───── 기 미 와 난 사 이 까 이
きみはなんさいかい。

Ⓑ───── 쥬 ― 나 나 사 이 데 스
じゅうななさいです。

Ⓐ───── 기 미 와 이 꾸 쓰 까 이
きみはいくつかい。

Ⓒ───── 보 꾸 모 쥬 ― 나 나 사 이 데 스
ぼくもじゅうななさいです。

Ⓐ───── 쟈 기 미 노 오 또 오 또 와 난 사 이 까 이
じゃ、きみのおとうとはなんさいかい。

Ⓑ───── 고 가 쓰 데 쥬 ― 산 사 이 니 나 리 마 스
ごがつでじゅうさんさいになります。

---

### 초대에 감사 표현

▶**초대해 주셔서 감사합니다.**

오마네끼 이타다키 마시떼 아리가또 오고자이마스
お招きいただきましてありがとうございます。

▶**저녁식사에 초대해 주셔서 감사합니다.**

유우쇼꾸니 오마네끼 이타다키 마시떼 아리가또 오고자이마스
夕食にお招きいただきましてありがとうございます。

▶**결혼식에 초대해 주셔서 감사합니다.**

겟콘시키니 오마네끼 이타다키 마시떼 아리가또 오고자이마스
けっこんしきにお招きいただきましてありがとうございます。

**63**

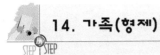

# 14. 가족(형제)

Ⓐ 형제는 몇 분이십니까?

Ⓑ 3명입니다.

Ⓐ 여자 형제는 몇 분이십니까?

Ⓑ 모두 남자 형제입니다.

　여자 형제는 한 사람도 없습니다.

Ⓐ 우리 집은 여자만 셋입니다.

Ⓑ 남자는 한 사람도 없습니까?

Ⓐ 예, 한 사람도 없습니다.

### 포인트 단어

- 家族⇒가족.  • きょうだい⇒형제.
- なんにん⇒몇 사람, 몇 분, 몇 명.
- さんにん⇒3명, 세 사람.  • おんな⇒여자.

64

가조꾸　교　오 다 이
# 家族(きょうだい)

고　꾜 오다이와 난　닌 데스까
Ⓐ ごきょうだいはなんにんですか。

산　닌 데스
Ⓑ さんにんです。

온 나노교 오다이와 난　닌 데스까
Ⓐ おんなのきょうだいはなんにんですか。

민 나오도꼬노 교　오다이 데스
Ⓑ みんなおとこのきょうだいです。

죠　세이 와 히또리모이마 셍
じょせいはひとりもいません。

우 찌 와 죠세이바까리 산　닌 데스
Ⓐ うちは女性ばかりさんにんです。

단세이와 히 또 리모이마 셍　까
Ⓑ 男性はひとりもいませんか。

에 에　히 또리모이마 셍
Ⓐ ええ、ひとりもいません。

### 포인트 단어

• みんな⇒모두, 전부. • じょせい⇒여성. • ひとり⇒하나.「ひとりもいません」: 한 사람도 없습니다.

• うち⇒우리 집, 우리 가정.

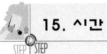

# 15. 시간

Ⓐ 지금 몇 시입니까?

Ⓑ 제 시계로는 3시 45분인데

좀 늦은 것으로 생각됩니다.

Ⓐ 그래요? 그러면 3시는 지났군요.

Ⓑ 예, 그건 확실하죠.

Ⓐ 항상 텔레비전에 맞추었는 데

오늘은 밥주는 것을 잊었군요.

### 포인트 단어

- いま⇒지금. 이제. • じかん⇒시간. • とけい⇒시계.
- じ(時)⇒시간, じかん을 줄인 말이다. • ふん(分)⇒1
시간의 60분의 1. • おもいます⇒생각합니다. • たしか
(確か)⇒확고하여 움직이지 않음. 틀림없고 명백한 모

<sup>지 깐</sup>
## じかん

Ⓐ <sup>이 마 난 지 데 쇼 오 까</sup>
いまなんじでしょうか。

Ⓑ <sup>와 다 꾸 시 노 도 께 이 데 와 산 지 욘 쥬 고 훈  데 스 가</sup>
わたくしのとけいでは3じ45ふんですが、

<sup>스 꼬 시 오 꾸 레 떼 이 루 또 오 모 이 마 스</sup>
少し遅れているとおもいます。

Ⓐ <sup>소 오 데 스 까  소 레 쟈 산 지 와 스 기 떼 이 마 스 네</sup>
そうですか。それじゃ3じは過ぎていますね。

Ⓑ <sup>에 에  소 레 와 다 시 까 데 스</sup>
ええ、それは確かです。

Ⓐ <sup>이 쯔 모 와  데 레 비 데 아 와 세 룬  데 스 께 도</sup>
いつもは、テレビであわせるんですけど

<sup>교  오 와 네 지 오 마 꾸 노 오 와 스 레 단 데 스 요</sup>
きょうはねじをまくのをわすれたんですよ。

### 포인트 단어

양. • テレビ⇒텔레비전(televisien). • あわせる⇒맞도록
하다, 맞추다, 대조하다. • ねじ⇒시계의 태엽을 감다.
• わすれました⇒깜빡 잊었습니다. • まく⇒(줄을)감다.
• ～の⇒～것. • わすれたんですよ⇒잊었군요.

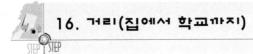
Ⓐ 여기서 당신 집까지는

얼마나 됩니까?

Ⓑ 여기서 약 3백미터 됩니다.

Ⓐ 여기서 당신의 대학까지는

얼마나 됩니까?

Ⓑ 8킬로 미터 정도인데 기차로 15분 걸립니다.

Ⓐ 당신은 어느 지방 출신입니까?

Ⓑ 부산 출신입니다.

---

### 포인트 단어

● きょり(距離)⇨거리. ● ここから⇨여기서부터.
● うち⇨집. ● ～まで⇨～까지.
● とおい⇨멀다, 거리가 길다. ● じゅうごふん⇨15분.

교리 우찌까라 갓 고오마데
## 距離(うちからがっこうまで)

ⓐ
고 꼬 까 라 아 나 따 노 우 찌 마 데 와 도 노 구 라
ここからあなたのうちまではどのくら

이 아 리 마 스 까
いありますか。

ⓑ
고 꼬 까 라 산 뱌 꾸메 또 루 호 도 아 리 마 스
ここからさんびゃくメートルほどあります。

ⓐ
고 꼬 까 라 아 나 따 노 다 이 가 꾸 마 데
ここからあなたのだいがくまで

도 노 구 라 이 아 리 마 스 까
どのくらいありますか。

ⓑ
하 찌 끼 로구라이 데기 샤 데 쥬우고 훈 데 스
はちキロくらいできしゃでじゅうごふんです。

ⓐ
아 나 따 와 도 찌 라 노    슛    싱 데 스 까
あなたはどちらのしゅっしんですか。

ⓑ
푸 산 데 스
釜山です。

### 포인트 단어

• メートル⇨미터(meter). • さんびゃく⇨300.
• だいがく⇨대학. • キロ⇨킬로미터(kilometer).
• がっこう⇨학교. • ちほう⇨지방. • しゅっしん⇨출신.

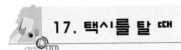
Ⓐ 택시!

Ⓑ 어디 가시죠?

Ⓐ 서울 병원인데요.

Ⓑ 어서 타십시오.

Ⓐ 좀 바쁜 길인데요.

Ⓑ 예, 알겠습니다.

현관까지 모실까요?

Ⓐ 아니에요. 여기서 내려 주세요.

Ⓑ 네.

Ⓐ 매우 고마워요.

다 꾸 시   오 노 루 도 끼
## タクシーをのるとき

A
다 꾸 시
タクシー。

B
도 찌 라 마 데 스 까
どちらまですか。

A
소 우 루 뵤 오 인 데 스 가
ソウル病院ですが。

B
도 오 조
どうぞ。

A
스 꼬 시 이 소 이 데 이 따 다 께 마 스 가
すこしいそいでいただけますが。

B
하 이    가 시 꼬 마 리 마 시 따
はい、かしこまりました。

겐   깐   마 데 이 끼 마 쇼 오 까
げんかんまで行きましょうか。

A
이 이 에    고 꼬 데 오 로 시 떼 구 다 사 이
いいえ、ここでおろしてください。

B
하 이
はい。

A
도 오 모    아 리 가 또 오
どうも、ありがとう。

71

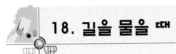

## 18. 길을 물을 때

길 ◀

Ⓐ 저, 잠깐 실례하겠습니다.

Ⓑ 예, 무엇인가요?

Ⓐ 길을 잃었거든요.

Ⓑ 그래요?

그런데 어디로 가시는데요?

Ⓐ 서울역 쪽으로 가려고 하는데요.

Ⓑ 서울역입니까?

Ⓐ 예.

Ⓑ 서울역은 여긴데요.

미 찌 오 다 스 네 루 도 끼
## みちをたすねるとき

아 노　　　　죠　　또 스 미 마 셍 가
Ⓐ あの、ちょっと、すみませんが。

하 이　　난 데 쇼 오 까
Ⓑ はい、なんでしょうか。

　　　　죠　　또 미 찌 니 마 욧 떼 시 마 이 마 시 떼
Ⓐ ちょっとみちにまよってしまいまして。

소 오 데 스 까
Ⓑ そうですか。

소 레 데　　도 찌 라 에 이 까 레　룬　데 스 까
それで、どちらへいかれるんですか。

소 우 루 노 에 끼 노 호 우 에 이 끼 따　인　데 스 가
Ⓐ ソウルのえきのほうへいきたいんですが。

소 우 루 노 에 끼 데 스 까
Ⓑ ソウルのえきですか。

하 이
Ⓐ はい。

소 우 루 노 에 끼 와 고 꼬 데 스 요
Ⓑ ソウルのえきはここですよ。

73

Ⓐ 카메라 좀 빌려주지 않겠습니까?

Ⓑ 그러세요. 여기 있습니다.

Ⓐ 감사합니다.

Ⓑ 뭘요.

Ⓐ 카메라를 빌려주셔서

　매우 고마웠습니다.

Ⓑ 아니, 천만의 말씀을.

Ⓐ 잘 찍혔으면 다행이겠는데요.

Ⓑ 잘 찍혔겠지요.

Ⓐ 그랬으면 좋겠습니다만.

히 또 니 모 노 오 가 수 도 끼
# ひとにものをかすとき。

ⓐ 가 메 라 오 가 시 떼 이 따 다 께 마 셍 까
カメラをかしていただけませんか。

ⓑ 하 이　 도 오 조
はい、どうぞ。

ⓐ 아 리 가 또 오
ありがとう。

ⓑ 도 오 이 따 시 마 시 떼
どういたしまして。

ⓐ 가 메 라 오 오 가 시 구 다 삿 떼 혼 또 오 니 아
カメラをお貸しくださってほんとうにあ

리 가 또 오 고 자 이 마 시 다
りがとうございました。

ⓑ 이 이 에　 도 오 이 따 시 마 시 떼
いいえ、どういたしまして。

ⓐ 우 마 꾸 우 쯧 떼 이 레 바 이 이 노 데 스 가
うまくうつっていればいいのですが。

ⓑ 　깃 또 우 마 꾸 우 쯧 데 이 마 스 요
きっとうまくうつっていますよ。

ⓐ 소 오 닷 또 이 인 데 스 가
そうだっといいんですが。

**75**

Ⓐ 이 버스가 서울행입니까?

Ⓑ 아닙니다.

이 다음 버스가 서울에 갑니다.

Ⓐ 이것은 서울에 갑니까?

Ⓒ 예, 그렇습니다.

요금을 지불하여 주십시오.

표를 끊겠습니다.

Ⓐ 서울역까지 얼마입니까?

Ⓒ 500엔 받습니다.

바 스 오 노 루 도 끼
## バスをのるとき

ⒶＡ
고 노 바 스 와 소 우 루 유 끼 데 스 까
このバスはソウルゆきですか。

ⒷＢ
이 이 에　찌 가 이 마 스
いいえ、ちがいます。

고 노 아 도 노 바 스 가 소 우 루 에 마 이 리 마 스
このあとのバスがソウルへまいります。

ⒶＡ
고 레 와 소 우 루 에 이 끼 마 스 까
これはソウルへいきますか。

ⒸＣ
하 이　마 이 리 마 스
はい、まいります。

도 오 조　료　오 긴　오 오 하 라 이 구 다 사 이
どうぞりょうきんをおはらいください。

깃　뿌 오 오 끼 라 세 네 가 이 마 스
きっぷをおきらせねがいます。

ⒶＡ
소 우 루 에 끼 마 데 이 꾸 라 데 스 까
ソウルえきまでいくらですか。

ⒸＣ
고 햐 쿠 엔　이 따 다 끼 마 스
500えんいただきます。

77

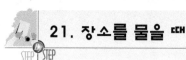
Ⓐ 실례합니다. 여기가 어디입니까?

---

Ⓑ 여기는 명동입니다.

---

Ⓐ 이 근처에 버스 정류장은 없습니까?

---

Ⓑ 저기 흰 백화점 옆에 은행이 있습니다.

---

그 은행 앞에 버스 정류장이 있습니다.

---

Ⓐ 그렇습니까? 감사합니다.

---

### 포인트 단어

- ところ⇒장소, 곳, 위치.
- すみません⇒(미안합니다)라는 사과의 뜻 외에 고맙다는 사례의 뜻과 남에게 말을 걸 때에도 쓴다.
- ちかく⇒가까이, 근처.
- バスてい⇒버스 정류장.
- しろい⇒희다, 흰.
- デパト⇒백화점(department store).
- ぎんこう⇒은행.
- に⇒장소 또는 사물의 입장을 나타내는 조사.

도꼬로오도우도 끼
**ところをとうとき。**

---

ⓐ 스미마 셍   고꼬와도꼬데스 까
**すみません。ここはどこですか。**

---

ⓑ 고꼬와명동데스요
**ここは明洞ですよ。**

---

ⓐ 고노지까꾸니바스떼이와아리마 셍 까
**このちかくにバスていはありませんか。**

---

ⓑ 아노시로이데빠 또노또나리니 긴 꼬오가아리마스
**あのしろいデパートのとなりにきんこうがあります。**

---

소노 긴 꼬오노마에니바스 떼이가아리 마스
**そのぎんこうのまえにバスていがあります。**

---

ⓐ 소 오데스 까   도오모
**そうですか。どうも。**

---

<table>
<tr><th colspan="1">늦어서 미안할 때</th></tr>
</table>

▶**죄송합니다. 좀 늦었습니다.**

스미마셍 좃또 오쿠레마시다
すみません、ちょっとおくれました。

▶**늦어서 미안합니다. [죄송합니다]**

오소꾸낫떼 스미마셍
おそくなってすみません。

▶**기다리게 해서 미안합니다.**

오마따세 이따시마시다
おまたせいたしました。

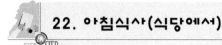
Ⓐ 메뉴, 여기 있습니다.

Ⓑ 고맙소.

Ⓐ 아침 식사는 멀로 하시겠어요?

Ⓑ 치즈 오믈렛과 오트밀을 주시오.

오늘은 어떤 과일이 있습니까?

Ⓐ 포도와 사과, 그리고 배가 있습니다.

### 포인트 단어

- しょくどう⇒식당
- メニュー⇒메뉴(menu)
- ちょうしょく(朝食)⇒아침식사
  あさごはん이라고도 함.
- チズオムレツ⇒치즈 오믈렛(sheese omlet)
- きょう⇒오늘       • どんな⇒어떤.
- くだもの⇒과일.    • りんご⇒사과.
- グレープフルーツ⇒포도(grapefruit).
- それに⇒그리고.    • なし⇒배.

죠 오 쇼꾸 쇼 꾸도오데
# ちょうしょく(しょくどうで)

메 뉴 데고자이마스
Ⓐ メニューでございます。

아 리 가 또 오
Ⓑ ありがとう。

죠 오 쇼 구와나니니이따시마스 까
Ⓐ ちょうしょくはなににいたしますか。

찌 즈오무레쓰또오 또미 루오구다 사이
Ⓑ チーズオムレツとオートミールをください。

교 오와 돈 나구다모노가아리마스 까
きょうはどんなくだものがありますか。

구레 뿌후루 쓰 링 고소헤니나시데스
Ⓐ グレープフルーツ、りんごそれになしです。

---

**기분을 상하게 하고**

▶기분을 상하게 해드렸다면 사과합니다.

키모치가 와루캇타라 모우시와케아리마셍
きもちがわるかったらもうしわけありません。

▶화나게 해드렸다면 사과합니다.

오콧따라 스미마셍
おこったらすみません。

▶찾아뵙지 못해서 정말 죄송합니다.

혼또오니 스미마셍
ほんとうにすみません。

# 23. 저녁식사(식당에서)

Ⓐ 저녁식사는 무엇으로 하실까요?

Ⓑ 쇠고기 콩소메,

티이본스테이크,

그리고 통구이 감자를 주시오.

Ⓐ 스테이크는 어떻게 할까요?

Ⓑ 반쯤 익게 해 주시오.

그리고 와인을 들고 싶은데.

Ⓐ 적포도주입니까? 백포도주입니까?

Ⓑ 적포도주로 주시오.

유우 쇼 꾸 쇼 꾸도오데
# ゆうしょく(しょくどうで)

Ⓐ 유우 쇼 꾸와나니니나사이마 스 까
ゆうしょくはなにになさいますか。

Ⓑ 규 우니꾸노 꽁 소메
ぎゅうにくのコンソメ、

티이 본 스 떼 끼소시떼마루야끼노 쟈
Tボーンステーキそしてまるやきのじゃ

가이모오구다사이
がいもをください。

Ⓐ 스 떼 끼와도노요오니시마 쇼 오 까
ステーキはどのようにしましょうか。

Ⓑ 미 디 아무니시떼구다사이
ミデーアムにしてください。

소레까라와 인 오모라이따이노데스 가
それからワインをもらいたいのですが。

Ⓐ 아 까니나사이마스까 시로니나사이마 스 까
あかになさいますか、しろになさいますか。

Ⓑ 아 까오구다사이
あかをください。

83

Ⓐ 무엇이 제일 빨리 됩니까?

Ⓑ 글쎄요, '오늘의 특별 런치'가

빨리 됩니다.

Ⓐ '오늘의 특별 런치'는 무엇입니까?

Ⓑ 광어 프라이와 크림으로 찐 감자,

웨스턴 샌드위치, 그리고 커피입니다.

Ⓐ 그럼, 그것을 주십시오.

Ⓑ 알겠습니다.

**포인트 단어**

• ちゅうもん⇒주문. • ちゅうもする⇒주문하다.
• なにが⇒무엇이. • はやく⇒빨리. • いちばん⇒제일.
• できるもの⇒되는 것. • きょう⇒오늘.
• とくべつ⇒특별. • ランチ⇒런치(lunch).

쇼 꾸지오 쥬우몬 스루도끼
# しょくじをちゅうもんするとき

ⓐ 나니가 이찌 방 하야꾸데기마스까
なにがいちばんはやくできますか。

ⓑ 소오데스네    교 오노또꾸베쓰 란찌
そうですね、「きょうのとくべつランチ」

가 하 야 꾸 데 끼 마 스
がはやくできます。

ⓐ 교 오노또꾸베스 란찌 와 난 데스까
「きょうのとくべつランチ」はなんですか。

ⓑ 히라메노후라이 꾸리 무데니다 쟈 가이모
ひらめのフライ、クリームでにたじゃがいも、

우에스 딴 산 도우 이 찌소레니고 히데스
ウエスタンサンドウイッチそれにコーヒです。

ⓐ 쟈 소 레 오 구다사이
じゃ、それを下さい。

ⓑ 가 시 꼬 마 리 마 시 따
かしこまりました。

**포인트 단어**

- ひらめ⇒광어. • フライ⇒프라이(fry).
- クリーム⇒크림(cream).
- ウエスタンサンドウイッチ⇒웨스턴 샌드위치.
- かしこまりました⇒알겠습니다.

## 25. 양품점에서

Ⓐ 양품 판매장은 어디에 있습니까?

Ⓑ 5층에 있습니다.

Ⓐ 어느 것이 좋을지. 이것이 좋을 것 같군요.

Ⓒ 어서 오십시오. 이것 말씀이신가요?

Ⓐ 예, 이것과 저것과 어느 것이 좋을지.

Ⓒ 이쪽 물건이 튼튼할 것 같군요.

### 포인트 단어

- ようひんうりば⇒양품 판매장, 양품점,
- ごかい(五階)⇒5층.
- どれが⇒어느 것이. • これが⇒이것이.
- みせてください⇒보여 주십시오. • こちらのほうが⇒
  이쪽 편의 것이. • しなもの(品物)⇒물건, 물품, 상품.
- しっかり⇒견고한. • パンヤ⇒빵집. • とけいてん⇒시
  계점, 시계포. • めがねや⇒안경점. • くつや⇒양화점.
- ほんや⇒책방, 서점. • たばこや⇒담배가게.
- くすりや⇒약국, 약방.

86

요오 힌 우리바데
## ようひんうりばで

요오 힌 우리바와도꼬니아리마스 까
Ⓐ ようひんうりばはどこにありますか。

고 까이니고자이마스
Ⓑ ごかいにございます。

도레가이이이 까시라　고레가요사소오다와
Ⓐ どれがいいかしら。これがよさそうだわ。

이 랏 샤 이마세 고레데고자이마스 까
Ⓒ いらっしゃいませ。これでございますか。

에에 고레또아레또 돗찌가이이 까시라
Ⓐ ええ、これとあれとどっちがいいかしら。

고찌라노호오가시나모노가 싯 까리시
Ⓒ こちらのほうがしなものがしっかりし

떼이루요오데고자이마스
ているようでございます。

## 26. 보석을 살 때

Ⓐ 이 브로치의 보석은 무엇입니까?

Ⓑ 사파이어입니다. 달아 보시겠습니까?

Ⓐ 예, 그렇지만 값이 얼마나 되는지요?

Ⓑ 단 5만엔입니다.

Ⓐ 5만엔이라구요?

좀 비싸군요.

### 포인트 단어

• ほうせき⇒보석. いし라고도 한다. • ブローチ⇒브로치(brooch). • つけてみますか⇒달아 보시겠습니까?
• たった⇒겨우, 기껏, 단지. • たかい⇒높다, 값이 비싸다. • いし⇒돌, 암석, 보석. • ごまんえん⇒5만엔.
• か(買)う⇒사다.

※ 보석의 종류.
• ざくろいし⇒석류석. • しんじゅ⇒진주. • ビー⇒루비.
• りょくぎょくせき⇒녹옥석. • ダイヤモンド⇒다이아몬드. • エメラルド⇒에머랄드. • オパール⇒오팔.

88

호오세끼오가우도끼
## ほうせきをかうとき

Ⓐ
고노브로 찌노이시와 난 데스까
このブローチのいしはなんですか。

Ⓑ
사화 이아데스 스께떼미마스까
サフーイアです。つけてみますか。

Ⓐ
에에 데모오니꾸라까시라
ええ、でもおいくらかしら。

Ⓑ
닷 따고만 엔 데스
たったごまんえんです。

Ⓐ
고 만 엔 데 슷떼
ごまんえんですって。

죠 또다까이데스네
ちょっとたかいですね。

---

### 사과에 대한 응답

▶ **괜찮습니다.**

이이데스
いいです。

▶ **관계 없습니다.**

간케이 나인데스
かんけいないんです。

▶ **천만에요.**

도오이따시마시테
どういたしまして。

**89**

STEP STEP ◀

Ⓐ 쇼우윈도우에 있는 검은 모자를 보여 주십시오.

Ⓑ 예

Ⓐ 이것이 어울릴지?

Ⓑ 그 모자는 손님께 잘 어울립니다.

Ⓐ 그래. 그럼 이것을 주세요. 얼마입니까?

Ⓑ 5,000 엔입니다.

**포인트 단어**

• ショウウインド一⇒쇼윈도우. 진열장.
• ぼうし⇒모자.  • くろい⇒검은, 까만.
• おきゃくさま⇒손님.  • けっこうです⇒좋습니다.

## 보 오 시 오 가 우 도 끼
## ぼうしをかうとき

(A) 쇼 오 우 인 도 니 아 루 구 로 이 보 오 시
ショウウインドーにあるくろいぼうし

오 미 세 떼 구 다 사 이
をみせてください。

(B) 하 이
はい。

(A) 고 레 니 아 우 까 시 라
これにあうかしら。

(B) 소 노 보 오 시 와 오 갹 꾸 사 마 니 도 떼 모 요
そのぼうしはおきゃくさまにとてもよ

꾸 오 니 아 이 데 스
くおにあいです。

(A) 소 오 쟈 고 레 오 구 다 사 이 이 꾸 라 데 스 까
そう。じゃ、これをください。いらですか。

(B) 고 셍 엔 데 스
ごせんえんです。

### 포인트 단어

• ごせんえん⇒5000 엔.  • そう⇒그래, 정말.
• いくらですか⇒얼마입니까?
• いくら⇒얼마, 어느 정도.

91

Ⓐ 어서 오십시오.

Ⓑ 장미를 주세요.

Ⓐ 예, 어떤 색깔이 좋겠습니까?

Ⓑ 글쎄요, 붉은 것과 흰 것을 주세요..

　그런데, 한 송이에 얼마인가요?

Ⓐ 한 송이에 500원입니다.

　몇 송이쯤 드릴까요?

Ⓑ 그럼, 10송이 주세요.

### 포인트 단어

- はな ⇒ 꽃. ・ ばら ⇒ 장미. ・ ください ⇒ 주십시오.
- なにいろ ⇒ 무슨 색. ・ あかい ⇒ 붉은색.
- いっぽん ⇒ 한 송이. ・ いくら ⇒ 어느 정도, 얼마.

하 나 오 가 우 도 끼
## はなをかうとき

------ Ⓐ 이 랏 샤 이 마 세
いらっしゃいませ。

------ Ⓑ 바 라 오 구 다 사 이
ばらをください。

------ Ⓐ 하 이 나 니 이 로 가 이 이 데 스 까
はい、なにいろがいいですか。

------ Ⓑ 소 오 네 에 아 까 이 노 또 시 로 이 노 오 구 다 사 이
そうねえ。あかいのとしろいのをください。

------ 아 노 오 잇 뽄 이 꾸 라 데 스 까
あのう、いっぽんいくらですか。

------ Ⓐ 잇 뽄 고 햐꾸 원 데 스
1本500ウォンです。

------ 난 본 구 라 이 사 시 아 게 마 쇼 오 까
なんぼんぐらいさしあげましょうか。

------ Ⓑ 쟈 쥬 뽄 구 다 사 이
じゃ、10本ください。

### 포인트 단어

• ~の⇒~것. もの의 뜻을 내포하고 있다.
• ~ぽん(本)⇒가늘고 긴 것을 셀 때 쓰는 단위, 자루,
송이.

Ⓐ 쇼우윈도우에 있는 시계는 얼마입니까?

-----------------------------------------

-----------------------------------------

Ⓑ 이것 말씀입니까?

-----------------------------------------

Ⓐ 아니요, 그 옆의 것입니다.

-----------------------------------------

Ⓑ 이것입니까?

-----------------------------------------

　이것은 최고급품입니다.

-----------------------------------------

### 포인트 단어

- ウインドー⇒윈도우(window). 쇼윈도우를 말함.
- ところ⇒곳, 장소.　• とけい⇒시계.
- いくらでしょうか⇒얼마인가요?
- となり⇒이웃, 옆, 곁.
- やあ⇒(아아)하는 가벼운 감탄사.
- さいこうきゅうひん⇒최고급품.
- かけどけい⇒벽시계.　• めざましどけい⇒자명종.
- おきどけい⇒탁상시계.　• すなどけい⇒모래시계.
- デジタル⇒전기시계

도 께 이 오 가 우 도 끼
## とけいをかうとき

우 인 도  노 도 꼬 로 니 아 루 도 께 이 와 이
------- Ⓐ ウインドーのところにあるとけいはい

꾸 라 데 쇼  오 까
------- くらでしょうか。

고 레 데 스 까
------- Ⓑ これですか。

이 이 에  소 노 도 나 리 데 스
------- Ⓐ いいえ、そのとなりです。

고 레 데 스 까
------- Ⓑ これですか。

고 레 와 사 이 고 오  뀨 우 힌  데 스
------- これはさいこうきゅうひんです。

---

### 사과에 대한 응답

▶있을 수 있는 일이지요.

아 리 소 우 데 스
ありそうです。

▶누구나 그럴 수 있는걸요.

다 레 데 모  소 오  오 모 우 코 또 가 데 키 마 스
だれでもそう思うことができます。

▶그런건 괜찮습니다. [염려하지마]

소 레 와  이 이 데 스
それはいいです。

95

Ⓐ 어서 오십시오.

Ⓑ 쉐터를 사려는데 어떤 것이 있습니까?

Ⓐ 이것은 어떻습니까?

Ⓑ 그건 좀 너무 화려한데요.

  좀 더 수수한 것은 없을까요?

Ⓐ 이것은 어떻습니까?

  딱 좋으실 것 같습니다만.

Ⓑ 그렇군요.

  그러면 그것을 주십시오.

### セーターをかうとき
<ruby>세<rt></rt></ruby> <ruby>따<rt></rt></ruby> <ruby>오가우도기<rt></rt></ruby>

Ⓐ
이 랏 샤 이 마 세
いらっしゃいませ。

Ⓑ
세 따 가 호시 인 데 스 가 돈 나 노 가
セーターがほしいんですがどんなのが

아 리 마 스 까
ありますか。

Ⓐ
고 레 와 이 까 가 데 스 까
これはいかがですか。

Ⓑ
소 레 와 스꼬시 하 데 스 기 마 스 네
それは少しはですぎますね。

모 우 스꼬시 지 미 나이로와 아 리 마 셍 까
もう少しじみな色はありませんか。

Ⓐ
고 레 와 이 까 가 데 쇼 오 까
これはいかがでしょうか。

죠 오도요로 시 이 또존 지 마 스 가
ちょうどよろしいと存じますが。

Ⓑ
소 오 데 스 네
そうですね。

데 와 소 레 오모라 이 마 쇼 오
では、それをもらいましょう。

97

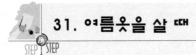
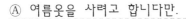
Ⓐ 여름옷을 사려고 합니다만.

Ⓑ 어떤 색깔을 생각하고 계십니까?

Ⓐ 흰색 또는, 밝은색이 좋을 것 같군요.

Ⓑ 이런 것은 어떻습니까?

Ⓐ 글쎄요.

　 디자인은 마음에 듭니다만

　 색깔이 마음에 안드는군요.

Ⓑ 그러면, 이런 것은 마음에 드십니까?

Ⓐ 예, 이게 좋아 보입니다.

## 나쓰노스 쓰오가우도끼
## なつのスーシをかうとき

Ⓐ 나쓰노스 쓰오가이다 인 데스가
なつのスーシを買いたいんですが。

Ⓑ 돈 나이로오오 깐 가에데스까
どんないろをおかんがえですか。

Ⓐ 시로 아루이와아까루이이로가이 인 데스가
しろ、あるいはあかるいいろがいいんですが。

Ⓑ 고레나도이 까 가데스 까
これなどいかがですか。

Ⓐ 소오데스네
そうですね。

데자 인 와기니이리마시다가이로가도
デザインはきにいりましたがいろがど

오모 싯 꾸리시마 셍네
うもしっくりしませんね。

Ⓑ 데 와 고레나도와이 까 가데스 까
では、これなどはいかがですか。

Ⓐ 에에 고레와요사소오데스네
ええ、これはよさそうですね。

99

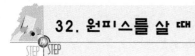
Ⓐ 어서 오십시오.

Ⓑ 저어, 원피스는 어디 있습니까?

Ⓐ 저기에 있습니다.

저것은 어떻습니까?

Ⓑ 글쎄요.

좀 더 수수한 것이 좋겠는데요.

Ⓐ 그럼, 이건 어떻습니까?

색깔이 꽤 수수한데요.

Ⓑ 색깔은 좋은데,

좀 더 모던한 무늬는 없을까요?

## 완 삐 스오가우도끼
# ワンピースをかうとき

Ⓐ 이 랏 샤 이마세
  いらっしゃいませ。

Ⓑ 아노오 완 삐 스와도꼬니아리마스 까
  あのう、ワンピースはどこにありますか。

Ⓐ 고 찌 라 니 고 자 이 마 스
  こちらにございます。

  고 레 와 이 까 가 데 스 까
  これはいかがですか。

Ⓑ 소 오 데 스 네 에
  そうですねえ。

  데 모 모 오 스 꼬 시 지 미 나 노 가 이 인 데 스 가
  でももうすこしじみなのがいいんですが。

Ⓐ 데 와 고 찌 라 와 도 오 데 스 까
  では、こちらはどうですか。

  이 로 와 가 나 리 지 미 데 스 가
  いろはかなりじみですが。

Ⓑ 이 로 와 이 이 데 스 가
  いろはいいですが、

  모 오 스 꼬 시 모 단 나 가 라 와 아 리 마 셍 까
  もうすこしモダンながらはありませんか。

**101**

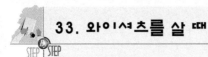
Ⓐ 저 하늘색 와이셔츠는 얼마입니까?

Ⓑ 이것 말입니까?

3,000엔입니다만,

사이즈가 얼마나 되지요?

Ⓐ 15라고 생각되는데요.

Ⓑ 예, 여기 있습니다.

그리고, 넥타이는 어떤 것으로 하시겠습니까?

Ⓐ 우리집 주인은 좀 야한 것을 좋아하세요.

Ⓑ 그럼, 저런 것을 어떻습니까?

## ワイシャシをかうとき

(A) あのそらいろのワイシャシはいくらかしら。

(B) これでございますか。

さんぜんえんでございますが。

サイズはどのくらいですか。

(A) 十五だとおもうわ。

(B) はい、ここにございます。

ネクタイはどんなのにいたしましょうか。

(A) うちの人はちょっとはでずきなんだけど。

(B) じゃ、あれなどはいかがですか。

# 34. 양품점에서 물건을 고를 때

◀

Ⓐ 이것은 실크입니까?

Ⓑ 예, 이것은 100% 실크로

이탈리아제입니다.

Ⓐ 디자인도 좋아 보이는군요.

이것을 주세요. 얼마입니까?

Ⓑ 3,500엔입니다.

Ⓐ 그리고, 양말을 보여주세요.

### 포인트 단어

- ようひんうりばで⇒양품점에서.   • シルク⇒실크(silk).
- きぬ⇒비단, 명주, 견직물.   • おいくらですか⇒얼마입니까?   • さんぜんごひゃく⇒3,500
- みせてください⇒보여 주세요.   • くつした⇒양말.
- ひゃく⇒100.   • もの⇒물건, 것(소유).
- えらぶ⇒고르다.   • みせて⇒보여.
- みせてください⇒보여 주십시오.

요오 힌 우리바데모노오에라부도끼
# ようひんうりばでものをえらぶとき

고레와시루꾸데스까
Ⓐ これはシルクですか。

하이 고레와기누 햐 꾸빠 센 또데이
Ⓑ はい、これはきぬひゃくパーセントでイ

따리아세이데스
タリアせいです。

데자인모요사소오네
Ⓐ デザインもよさそうね。

고레오구다사이 오이꾸라데스까
これをください。おいくらですか。

산 젠고햐꾸엔데스
Ⓑ さんぜんごひゃくえんです。

소레까라구쓰시따오미세떼구다사이
Ⓐ それからくつしたをみせてください。

---

**잘못하여 사과할 때**

▶그 일은 걱정하지 마시오.

소노 고또와 신빠이시 나이데 구다사이
そのことはしんぱいしないでください。

▶그까짓 일로 걱정마라.

소노 고또와 신빠이시 나이데
そのことはしんぱいしないで。

---

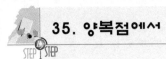

## 35. 양복점에서

Ⓐ 어서오십시오.

Ⓑ 안녕하십니까?

　겨울 양복을 한 번 맞추고 싶은데요.

Ⓐ 예, 알겠습니다.

Ⓑ 견본을 좀 보여주지 않겠습니까?

Ⓐ 잠시 기다려 주십시오.

Ⓑ 이것은 매우 좋은 것 같군요.

Ⓐ 순모입니다.

Ⓑ 무늬가 나에게 좀 야하지 않을까요?

Ⓐ 아니요, 아주 잘 어울리는데요.

요오후꾸 뗑 데
## ようふくてんで

ⓐ 이 랏 샤 이마세
いらっしゃいませ。

ⓑ 곤 니찌 와
こんにちは。

후유노세비로오 잇 쨔 꾸쓰구리다 인 데스가
ふゆのせびろをいっちゃくつくりたいんですが。

ⓐ 하 이 가시꼬마리 마시 따
はい、かしこまりました。

ⓑ 미 홍 오미세떼 구 레 마 셍 까
みほんをみせてくれませんか。

ⓐ 쇼 오 쇼 오오마찌구다사이
しょうしょうおまちください。

ⓑ 고 레 와 나 까 나 까 이 이 데 스 네
これはなかなかいいですね。

ⓐ 우 루데스
ウールです。

ⓑ 가 라 가스꼬시 하데스기마 셍 까
がらがすこしはですぎませんか。

ⓐ 이 이 에 도 떼 모 오 니 아 이 데 고 자 이 마 스 요
いいえ、とてもおにあいでございますよ。

Ⓐ 여성용 선글라스가 있습니까?

Ⓑ 예, 있습니다.

Ⓐ 친구에게 들었는데

특수 렌즈가 있다지요?

Ⓑ 예, 여기 있습니다.

써 보시겠습니까?

Ⓐ 그럼, 이것을 써 보겠어요.

### 포인트 단어

• ありますか⇒있습니까? 사람이나 동물의 존재를 물을 경우에는 いますか로 해야 한다.
• じょせいよう⇒여성용.
• サングラス⇒선글라스(sunglass).
• ゆうじん(友人)⇒벗, 친구.
• きいたのですが⇒들은 것입니다만.

## サングラスをかうとき
산 그라스오가우도끼

Ⓐ じょせいようのサングラスがありますか。
죠 세이요우노 산 그라스가아리마스 까

Ⓑ はい、ございます。
하이 고자이마스

Ⓐ ゆうじんにきいたんですがとくしゅ
유우 진 니기이 딴 데스가도꾸 슈

レンズがあるそうですね。
렌 즈가아루소오데스네

Ⓑ ええ、ここにございます。
에에 고꼬니고자이마스

かけてこらんになりますか。
가께떼고 란 니나리마스 까

Ⓐ ええ一と、じゃ、これをかけてみますわ。
에에 또 쟈 고레오가께떼미마스와

### 포인트 단어

• とくしゅ⇒특수.
• レンズ⇒렌즈(lens).
• かけて⇒(걸쳐, 걸어)의 뜻인 안경을 코에 거는 것이
  니 결국 안경을 써 보겠느냐는 뜻이다.
• います⇒있습니다.

Ⓐ 요즘 잘 팔리고 있는 것은 무엇입니까?

Ⓑ 소설입니까?

　혹은 일반 책입니까?

Ⓐ 아, 여기 헤밍웨이 것이 있군.

　이것을 주십시오.

Ⓑ 예, 1,500 엔입니다.

Ⓐ 1,500 엔이지요.

Ⓑ 예, 포장해 드리겠습니다.

　대단히 감사합니다.

**110**

혼 야 데  혼 오 가 우 도 끼
## ほんやで（ほんをかうとき）

(A) 사 이 낀 요 꾸 우 레 떼 이 루 혼 와 난 데 스 까
さいきんよくうれているほんはなんですか。

(B) 쇼 오 세 쓰 데 쓰 까
しょうせつですか、

소 레 도 모 잇 빤 노 요 미 모 노 데 스 까
それともいっぱんのよみものですか。

(A) 아  고 꼬 니 헤 밍 구 웨 이 노 가 아 루
あ、ここにヘミングウエイのがある。

고 레 오 구 다 사 이
これを下さい。

(B) 하 이 센 고햐꾸 엔  죠 오 다 이 이 따 시 마 스
はい、1,500えんちょうだいいたします。

(A) 센 고햐꾸 엔 데 스 네
1,500えんですね。

(B) 에 에  오 쓰 쓰 미 이 따 시 마 스
ええ、おつつみいたします。

도 오 모 아 리 가 또 오 고 자 이 마 시 따
どうもありがとうございました。

**111**

Ⓐ 어서 오십시오.

무엇을 찾으십니까?

Ⓑ 고려 인삼을 좀 보여 주시겠어요?

Ⓐ 예, 알겠습니다.

이것은 어떻습니까?

Ⓑ 그것은 얼마죠?

Ⓐ 이것은 15,000엔입니다.

Ⓑ 그럼, 두 상자를 주세요.

---

**포인트 단어**

• いらっしゃいませ⇒어서 오십시오. • なに⇒무엇. • に
んじん⇒인삼. • みせてくれませんか⇒보여 주지 않겠
습니까? • いくらですか⇒얼마입니까? • いちまんごせん

닌 징 오 가우도 끼
# にんじんをかうとき

Ⓐ 이 랏 샤 이마세
いらっしゃいませ。

나니오사 시 아게마 쇼 오 까
何をさしあげましょうか。

Ⓑ 꼬오라이 닌 징 오 좃 또미세떼구레마 셍 까
こうらいにんじんをちょっとみせてくれませんか。

Ⓐ 하 이 가시꼬마 리마 시 따
はい、かしこまりました。

고 레 와이 까가데 쇼 오 까
これはいかがでしょうか。

소 레 와이 꾸라데 스 까
Ⓑ それはいくらですか。

고 레 와이찌망고 센 엔 데스
Ⓐ これは一万五千えんです。

샤 후 따하 꼬구 다 사 이
Ⓑ じゃ、ふたはこください。

### 포인트 단어

えん⇒15,000엔 • ふたはこ⇒두 상자. • じゃ⇒가벼운
감탄사, 그럼, 자. • なにをさしあげましょうか⇒무엇을
찾으십니까? • かしこまりました⇒알겠습니다.

Ⓐ 부츠를 사려고 합니다만.

Ⓑ 사이즈는 몇 센티입니까?

Ⓐ 40센티미터입니다.

Ⓑ 신어 보십시오.

Ⓐ 조금 크군요.

Ⓑ 그럼, 이것을 신어 보십시오.

Ⓐ 꼭 맞는군요. 이것을 주세요.

---

### 포인트 단어

- ほしいんですが⇒사려고 합니다만
- ブーツ⇒부츠(boot), 여자가 신는 목이 긴 구두
- サイズ⇒사이즈(size)
- よんじゅう⇒40
- センチ⇒센티미터(cm)
- ぴったり⇒빈틈없이 꼭 맞는 모양.

부 쓰오가우도끼
## ブーシをかうとき

Ⓐ
부 쓰가호시인 데스가
ブーシがほしいんですが。

Ⓑ
사 이즈와 난 센 지데스 까
サイズはなんセンチですか。

Ⓐ
욘 쥬— 센 찌 난 데스
よんじゅうセンチなんです。

Ⓑ
하 이 떼 미 데구다사이
はいてみて下さい。

Ⓐ
좃 또오오끼이데스네
ちょっとおおきいですね。

Ⓑ
데 와 고 레오하이떼미떼구 다 사 이
では、これをはいてみてください。

Ⓐ
삣 따 리 다 와 고 레 오 구 다 사 이
ぴったりだわ。これをください。

---

### 친절에 감사

▶당신의 친절에 깊이 감사합니다.

고 신세쯔니 아리가또 오고자이마스
ごしんせつにありがとうございます。

▶도와 주셔서 대단히 고맙습니다.

이로이로또 아리가또 오고자이마스
いろいろとありがとうございます。

---

**115**

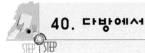

Ⓐ 뭘 드시겠습니까?

아이스크림으로 할까요?

Ⓑ 저는 요즈음 속이 좋지 않아서

찬 것은 못 먹습니다.

Ⓐ 그럼, 홍차는 어떨까요?

Ⓑ 예, 그럼 홍차로 하겠습니다.

---

**포인트 단어**

- きっさてん⇒다방.　•～で⇒～에, ～에서.
- なにに⇒무엇으로.
- なさいますか⇒하시겠습니까?
- アイスクリーム⇒아이스크림(ice cream).
- おなかをこわす⇒배탈이 나다.
- だめです⇒안됩니다.
- つめたいもの⇒차가운 것.
- つめたい⇒차갑다.
- こうちゃ(紅茶)⇒홍차.

116

깃 사 뗑 데
# きっさてんで

Ⓐ 나 니 니 나 사 이 마 스 까
なにになさいますか。

아 이 스 꾸 리 무 니 나 사 이 마 스 까
アイスクリームになさいますか。

Ⓑ 와 다 시 와 오 나 까 오 고 와 시 떼 이 루 노 데 쓰 메
わたしはお中をこわしているのでつめ

따 이 모 노 와 다 메 데 스
たいものはだめです。

Ⓐ 쟈 고 오 쨔 와 이 까 가 데 스 까
じゃ、こうちゃはいかがですか。

Ⓑ 에 에 쟈 고 오 쨔 이 따 다 끼 마 스
ええ、じゃ、こうちゃいただきます。

---

## 친절에 감사

▶위로해 주셔서 깊이 감사합니다.

이로오 아리가또 오고자이마스
いろうありがとうございます。

▶여러 가지로 애를 써 주셨습니다. 감사합니다.

이로이로또 고쿠로오 사마데시타 아리가또 오고자이마스
いろいろとごくろうさまでした。ありがとうございます。

▶정말 신세졌습니다.

오세와니 나리마시 다
おせわになりました。

---

# 41. 이발소에서

STEP STEP ◀

Ⓐ 이리 오십시오. 이발입니까?

Ⓑ 그렇습니다.

Ⓐ 스타일은 어떻게 하시겠습니까?

Ⓑ 보통 스타일로 해 주세요.

Ⓐ 예, 조발은 끝났습니다.

면도를 하시죠.

Ⓑ 내 수염은 퍽 억셉니다.

Ⓐ 그렇군요.

**포인트 단어**

• さんぱつや⇒이발소.　• さんぱつやで⇒이발소에서.
• さんぱつ(散髪)⇒이발.　• スタイル⇒스타일(style).
• ふつう(普通)⇒보통.　• ちょうはつ(調髪)⇒조발.

산 빠쓰야데
## さんぱつやで

고 찌 라 에 도 오 조　　　　산 빠 쓰 데 스 까
(A) こちらへどうぞ。さんぱつですか。

소 오 데 스
(B) そうです。

스 따 이 루 와 도 노 요 오 니 나 사 이 마 스 까
(A) スタイルはどのようになさいますか。

후 쓰 우 노 스 따 이 루 니 시 떼 구 다 사 이
(B) ふつうのスタイルにしてください。

하 이　　죠 오 하 쓰 와 오 와 리 마 시 따
(A) はい、ちょうはつはおわりました。

히 게 오 오 소 리 이 따 시 마　쇼 오
ひげをおそりいたしましょう。

와 다 시 노 히 게 와 도 떼 모 고 인 데 스
(B) 私のひげはとてもこいんです。

소 오 데 스 네
(A) そうですね。

### 포인트 단어

- おわりました⇒끝났습니다.　• ひげ⇒수염.
- とても⇒무척, 퍽.
- こいんです⇒억셉니다, 빽빽합니다.

**119**

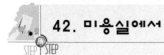
Ⓐ 앞머리를 약간 커얼하면 어떨까요?

Ⓑ 이렇게 말씀인가요?

Ⓐ 예.

Ⓑ 네, 모두 끝났습니다.

Ⓐ 매우 수고하셨어요.

### 포인트 단어

• まえがみ⇒앞머리.  • どうかしら⇒어떨까?
• カール⇒커얼(curl)
• こう⇒이렇게.  • ごくろうさまでした⇒수고했습니다.
• おわりました⇒끝났습니다.  • ぜんぶ(全部)⇒전부.

※ 이미용(理美容)에 관련된 단어.
• バリカン⇒이발기계.  • くし⇒빗.
• かみそり⇒면도.  • ふけ⇒비듬.
• ほほ⇒빰.  • さんぱつ⇒이발.
• おとくいさま⇒단골손님.  • つれる⇒땡기다.
• はさみ⇒가위.  • みみ(耳)かき⇒귀이개.
• せつ(石)けん⇒비누.

## びょういんで
비요오인 데

---

Ⓐ まえがみを少しカールしたらどうかしら。
마에가미오스꼬시까 루시따라도오까시라

---

Ⓑ こうでございますか。
고오데고자이마스 까

---

Ⓐ ええ。
에에

---

Ⓑ はい、全部終りました。
하이 젠 부오와리 마 시 다

---

Ⓐ どうもごくろうさまでした。
도오모고꾸로오사마데시따

---

### 감사표현에 대한 응답

▶천만에요.

どういたしまして。
도오이따시마시떼

▶원 별말씀을

どういたしまして。
도오이따시마시떼

▶천만의 말씀입니다.

どういたしまして。
도오이따시마시떼

121

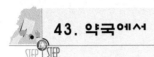
Ⓐ 어서 오십시오.

어디 편찮으십니까?

Ⓑ 어제 저녁부터 감기 기운이 있고

목이 아픈데요.

Ⓐ 잠깐 기다려 주십시오.

이 약을 4시간마다

한 봉씩 잡수십시오.

Ⓑ 곧 나을까요?

Ⓐ 예, 잘 들으니까

안심하십시오.

구 스 리 야 데
# くすりやで

이 랏 샤 이 마 세
Ⓐ いらっしゃいませ。

도 꼬 까 와 루 인 데 스 까
どこかわるいんですか。

유 우 베 까 라 가 제 기 미 데　 노 도 가 이 따 인
Ⓑ ゆうべからかぜぎみで、のどがいたいん

데 스 가
ですが。

좃　 또 오 마 찌 구 다 사 이
Ⓐ ちょっとおまちください。

고 노 구 스 리 오 요 지 깐　 고 또 니 잇 뿌 꾸
このくすりをよじかんごとにいっぷく

즈 쓰 오 노 미 구 다 사 이
ずつおのみください。

스 구 요 꾸 나 루 데 쇼　 오 까
Ⓑ すぐよくなるでしょうか。

에 에　 요 꾸 기 끼 마 스 까 라
Ⓐ ええ、よくききますから、

고 안　 신　 구 다 사 이
ごあんしんください。

123

Ⓐ 진찰 좀 받고 싶은데요.

Ⓑ 어디가 편찮으시죠?

Ⓐ 2, 3일 전부터 감기 기운이 있었습니다만,

  좀 무리를 한 것 같습니다.

Ⓑ 열을 좀 재어 봅시다.

Ⓐ 곧 나을까요?

Ⓑ 예, 대단치는 않습니다.

---

**포인트 단어**

• びょういん⇒병원. • びょういんで⇒병원에서.
• しんさつ(診察)⇒진찰.
• いただきたい⇒받고 싶다.
• 「いただき」는 (받다)의 공손한 말, 「たい」는 (～하고
싶다)의 뜻.

보 오 인 데
# びょういんで

신 사 쓰시 떼 이 다 다 끼 다 인 데 스 가
ⓐ しんさつして いただきたいんですが。

도 꼬 가 와 루 인 데 스 까
ⓑ どこがわるいんですか。

니 산 니 찌 마에 까라 가 제 기 미 데 시 따 가
ⓐ 二三日前からかぜぎみでしたが、

스 꼬 시 무 리 오 시 따 미 다 이 나 데 스
すこしむりをしたみたいなです。

좃 또 네 쓰 오 하 깟 떼 미 마 쇼 오
ⓑ ちょっとねつをはかってみましょう。

스 구 나 오 루 데 쇼 오 까
ⓐ すぐなおるでしょうか。

에 에 다 이 시 따 고 또 와 아 리 마 셍 요
ⓑ ええ、たいしたことはありませんよ。

### 포인트 단어

• わるい⇒좋지 않은.
• むり(無理)⇒무리. • ねつ⇒열. • はかって⇒재어.
• すぐ⇒곧, 즉시, 빨리. • なおる⇒병이 회복되다.
• たいしたことは⇒대단한 것은.
• ありません⇒아닙니다(부정). • すこし⇒약간, 조금.

125

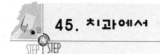
STEP STEP ◀

Ⓐ 안녕하십니까?

어디가 불편하십니까?

Ⓑ 이가 아픕니다.

Ⓐ 그러니까, 어느 정도 아프십니까?

Ⓑ 어젯밤은 아파서 잠을 자지 못했습니다.

Ⓐ 알았습니다.

볼이 약간 부어 있군요.

그러면, 이를 보여 주십시오.

**포인트 단어**

- しかで⇒치과에서. • いたいんです⇒아픕니다.
- は⇒이, 치아. • たいへん⇒대단히, 매우.
- さくや(昨夜)⇒어젯밤. • ねむれませんでした⇒잠들

시 까 데
# しかで

A
오 하 요 오 고 자 이 마 스
おはようございます。

도 오 시 마 시 다 까
どうしましたか。

B
하 가 이 따 인 데 스
歯がいたいんです。

A
소 레 데　도 노 구 라 이 이 따 이 마 스 까
それで、どのくらいいたみますか。

B
사꾸야와 이 다 꾸 데 네 무 레 마 셍　데 시 따
昨夜はいたくでねむれませんでした。

A
소 오 데　쇼 오
そうでしょう。

스꼬시호 오 가 하 레 떼 이 마 스 가 라 네
少しほおがはれていますからね。

소 레 쟈　하 오 미 세 떼 구 다 사 이
それじゃ、歯をみせてください。

---

### 포인트 단어

지 못했습니다.　• ほお⇒뺨, 볼.　• はれて⇒부어.
• はれる⇒살갗이 붓다.　• それじゃ⇒그러면, 그렇다면.
• しか(歯科)치과.　• しかい⇒치과의사.

Ⓐ 예금을 하고 싶은데요.

-------------------------------------------------

Ⓑ 어서 오십시오.

-------------------------------------------------

보통 예금이십니까?

-------------------------------------------------

Ⓐ 예, 그렇습니다.

-------------------------------------------------

Ⓑ 그럼, 이 용지에 기입해 주십시오.

-------------------------------------------------

Ⓐ 주소도 쓰는 겁니까?

-------------------------------------------------

Ⓑ 예, 그렇습니다.

-------------------------------------------------

### 포인트 단어

- ぎんこう ⇒ 은행.
- ぎんこうで ⇒ 은행에서.
- よきんする ⇒ 예금하다.
- ふつうよきん ⇒ 보통 예금.
- では ⇒ 그러면.
- ようし ⇒ 용지.
- じゅうしょ ⇒ 주소.
- かく ⇒ 쓰다.
- さようでございます ⇒ 그렇습니다.

128

긴 꼬오데요 낀 스루도끼
# ぎんこうで(よきんするとき)

요 낑 시따 인 데스가
Ⓐ よきんしたいんですが。

이 랏 샤 이마세
Ⓑ いらっしゃいませ。

후쓰우요 낑 데고자이마스까
ふつうよきんでございますか。

에에 소오데스
Ⓐ ええ、そうです。

데 와 고노요오 시오오가 끼구다사이
Ⓑ では、このようしをおかきください。

쥬우쇼 모가 꾼 데스네
Ⓐ じゅうしょもかくんですね。

에에 사요오데고자이마스
Ⓑ ええ、さようでございます。

---

## 길에서

▶버스는 얼마나 자주 다닙니까?

바스와 난카이 카요이마스까
バスは何かいかよいますか。

▶매 4분마다 있습니다.

욘뿐 오키니 아리마스
4分おきにあります。

**129**

## 47. 예금할 때의 대화

STEP | STEP ◀

Ⓐ 예금하실 금액은 얼마입니까?

Ⓑ 500,000원입니다.

Ⓐ 그럼, 거기 의자에 앉으셔서

잠시 기다려 주십시오.

Ⓑ 예, 알겠습니다.

### 포인트 단어

• おいくらですか⇒얼마입니까? 여기서 お는 친절과 겸
양을 나타내는 접두어임. • きんがく⇒금액. • いす⇒의
자. • よきん⇒예금. • そこの⇒거기의. • おまちくださ
い⇒기다려 주십시오. • わかりました⇒알았습니다.

※ 은행에서 쓰는 말.
• よきんをする⇒예금을 한다. • よきんをひきだす⇒예
금을 찾다. • とうざよきん(當座預金)⇒당좌예금.
• ていきよきん(定期預金)⇒정기예금.
• つうちょう⇒통장. • そうきん⇒송금.
• かわせ⇒환. • りし(利子)⇒이자. • てがた⇒어음.
• しはらい⇒지불. • すいとうがかり⇒출납계.

130

요 낀 스루 도끼 노 다이 와
## よきんするときのたいわ

ⓐ 요 낀 나사루 루 긴 가꾸 와 오 이 꾸 라 데 스 까
よきんなさるきがくはおいくらですか。

ⓑ 고쥬우만 원 데스
五十万ウォンです。

ⓐ 데 와 소꼬노 이스 니 오까께 니 낫 떼
では、そこのいすにおかけになって、

좃 또오마 찌구다사 이 마세
ちょっとおまちくださいませ。

ⓑ 하 이 와 까 리 마 시 따
はい、わかりました。

---

### 지명을 찾을 때

▶여기가 어디쯤일까?

고코가 도코다로 오까
ここがどこだろうか。

▶글쎄! 모르겠네요.

사아 와카리마셍
さあ、わかりません。

▶틀림없이 이 근처인데

타시카니 고노치카꾸데스가
たしかにこのちかくですが。

**131**

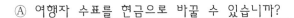

## 48. 수표를 바꿀 때

STEP STEP ◀

Ⓐ 여행자 수표를 현금으로 바꿀 수 있습니까?

Ⓑ 예, 할 수 있고 말고요.

Ⓐ 내일 오겠습니다만,

영업 시간이 어떻게 됩니까?

Ⓑ 9시부터 오후 7시까지입니다.

Ⓐ 그렇습니까? 감사합니다.

Ⓑ 아니, 천만의 말씀입니다.

### 포인트 단어

- こぎって⇒수표.  • かえる⇒바꾸다.
- トラベラースチェック⇒여행자 수표(Travel Checks).
- もちろん⇒물론.  • あす(明日)⇒내일.
- まいる⇒(오다)의 겸양어. 「まいりたいと」오려고.

## こぎってをかえるとき

고 깃 데오가에루도끼

---

ⓐ 도라베라 즈 체 꾸오겐 낑니가
ドラベラースチエックをげんきんにか

에떼이따다께마스 까
えていただけますか。

ⓑ 에에 오까에니나레마스
ええ、おかえになれます。

ⓐ 아스마이 리 다이 또오모이마스가
あすまいりたいとおもいますが、

에이 교 오지 깡 와도오 낫 데이마스까
えいぎょうじかんはどうなっていますか。

ⓑ 구지 까 라고고노시찌지마데데스
くじからごごのしちじまでです。

ⓐ 소오데스 까 아리가또오고자이마스
そうですか。ありがとうございます。

ⓑ 이 이에 도오이따시 마시 떼
いいえ、どういたしまして。

---

### 포인트 단어

• おもいます⇒생각합니다.

• えいぎょうじかん⇒영업 시간. • くじ⇒9시.

• ごごの⇒오후의. • しちじ⇒7시. • から⇒~부터.

• まで⇒~까지. • いいえ⇒아니오.

133

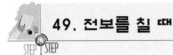
Ⓐ 미국의 뉴욕에 전보를 치려는데요.

Ⓑ 여기에 전문을 써 주세요.

Ⓐ 전문과 수신자 주소가 여기 있습니다.

Ⓑ 보통 전보로 하시겠습니까?

Ⓐ 예, 보통 전보로 해 주십시오.

Ⓑ 이것은 축전입니까?

Ⓐ 아닙니다. 조전입니다.

### 포인트 단어

• うつ⇒치다.  • でんぽうをうつ⇒전보를 치다.  • ニコ
ーョーク⇒뉴욕(New York).  • アメリカ⇒미국
(America).  • でんぽう⇒전보.  • ここに⇒여기에.
• でんぶん⇒전문(電文).  • ふつうでんぽう⇒보통 전

## でんぽうをうつとき
<small>뎅 뽀오오오우쓰도끼</small>

Ⓐ <small>아메리까노 뉴 요 꾸니 뎅 뽀오오</small>
アメリカのニューヨークにでんぽうを

<small>우찌다이노데스가</small>
うちたいのですが。

Ⓑ <small>고꼬니 뎅 분 오가이떼구다사이</small>
ここにでんぶんをかいてください。

Ⓐ <small>뎅 분 또아떼나가아리마스</small>
でんぶんとあてながあります。

Ⓑ <small>후쓰우 뎅 뽀오니시마스 까</small>
ふつうでんぽうにしますか。

Ⓐ <small>하이 후쓰우 뎅 뽀오데오네가이시마스</small>
はい、ふつうでんぽうでおねがいします。

Ⓑ <small>고레와 슈 꾸 뎅 데스 까</small>
これはしゅくでんですか。

Ⓐ <small>이이에 죠 오 뎅 데스</small>
いいえ、(弔電)ちょうでんです。

### 포인트 단어

---

보. • しゅくでん⇒축전. • ちょうでん⇒조전(弔電).

※ 우체국에서 많이 쓰는 말.

• さしたしにん⇒발송인(보내는 사람). • うけとりにん
⇒수취인(받는 사람). • ひづけいん(日附印)⇒일부인.

Ⓐ 엽서를 10장 주십시오.

Ⓑ 예, 알겠습니다.

Ⓐ 아아, 그리고 우표도 열 장쯤 주십시오.

Ⓑ 예, 알겠습니다.

Ⓐ 편지에 우편번호를 쓰지 않으면 안됩니까?

Ⓑ 예, 물론입니다.

Ⓐ 우편번호는 어떻게 찾습니까?

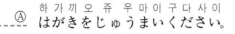

깃 떼 오 가 우 도 끼
# きってをかうとき

하 가 끼 오 쥬 우 마 이 구 다 사 이
Ⓐ はがきをじゅうまいください。

하 이   가 시 꼬 마 리 마 시 따
Ⓑ はい、かしこまりました。

아 아   소 레 까 라 깃 떼 모 쥬 우 마 이 호 도
Ⓐ ああ、それからきってもじゅうまいほど

구 다 사 이
ください。

하 이   가 시 꼬 마 리 마 시 따
Ⓑ はい。かしこまりました。

데 가 미 니 유 우 빈   방   고 오 오 가 까 나 께
Ⓐ てがみにゆうびんばんごうをかかなけ

레 바 나 리 마 셍 까
ればなりませんか。

하 이   모 찌 론 데 스
Ⓑ はい、もちろんです。

유 우 빈   방   고 오 와
Ⓐ ゆうびんばんごうは、

도 오 시 떼 시 라 베 룬 데 스 까
どうしてしらべるんですか。

우체국
에서

**137**

Ⓐ 여보세요, 교환양.

---

Ⓑ 여보세요, 교환입니다만

---

Ⓐ 김 선생님을 부탁합니다.

저는 이 군입니다만.

---

Ⓑ 아, 이 군. 김이에요.

---

### 포인트 단어

- こくさいでんゎ⇒국제전화.
- もしもし⇒여보세요, 영어의 Hello 와 같음.
- こうかんしゅさん⇒교환양.
- こちらは⇒여기는.  • おねがいします⇒부탁합니다.
- かける⇒걸다.  • でんゎをかける⇒전화를 걸다.

※ 전화에 관한 말.
- でんゎ⇒전화.  • でんゎばんごう⇒전화번호.
- こくさいでんゎ⇒국제 전화.
- こうかんだい⇒교환대.  • じゅゎき⇒수화기.
- しないでんゎ⇒시내 전화.
- しがいでんゎ⇒시외 전화.

고 꾸사이 뗑 와오가게루도 끼
# こくさいでんわをかけるとき

모 시모 시 고오 깐  슈  상
Ⓐ もしもしこうかんしゅさん。

모 시모 시 고 찌라 와고 오 깐 데 스가
Ⓑ もしもし、こちらはこうかんですが。

김  상 오 오 네 가 이 시 마 스
Ⓐ 金さんをおねがいします。

고 찌 라 와 이 데 스 가
こちらは李ですが。

아 아  이 상   김 데 스
Ⓑ ああ、李さん。金です。

---

▶**실례합니다. 81번을 타면 동대문에 갈 수 있습니까?**

시쯔레이 시마스 하치쥬우 이찌반니 노루또 동대문에 이꾸코또가 데끼마스 까
しつれいします、81番にのると東大門へ行くことができますか。

▶**네, 그렇습니다만 빙 돌아가는 길이 됩니다.**

하이 소오데스가 마왓떼 이꾸미치 데스
はい、そうですがまわって行くみちです。

▶**택시를 타시면 많은 시간이 절약됩니다.**

타꾸시니 노루또 지깐가 세쯔야쿠니 나리마스
タクシーにのるとじかんがせつやくになります。

**139**

STEP STEP ◀

Ⓐ 당신의 취미는 무엇입니까?

Ⓑ 우표 수집입니다.

Ⓐ 당신은 멋진 취미를 가지셨군요.

Ⓑ 당신 부인의 취미도 우표수집입니까?

Ⓐ 예. 우리는 취미가 같습니다.

**포인트 단어**

• とう⇒묻다.　• しゅみをとう⇒취미를 묻다.
• あなた⇒당신, 너, 자네(2인칭의 상대방).
• しゅみ⇒취미.　• なんですか⇒무엇입니까?
• きって⇒우표.　• あつめる⇒모으다, 수집하다.
• おくさん⇒부인, 남의 아내를 부르는 말.
• ゎたしたち⇒우리들.
• おなじしゅみを⇒같은 취미를.
• すてき⇒매우 근사함, 아주 멋짐.
• きってをあつめることです⇒우표를 수집하는 일입니다.

**140**

## しゅみをとうとき
슈 미 오 도 우 도 끼

(A) あなたのしゅみはなんですか。
아 나 따 노 슈 미 와 난 데 스 까

(B) きってをあつめることです。
깃 떼 오 아쓰메루고 또 데 스

(A) あなたはすてきなしゅみをおもちですね。
아 나 따 와 스 데 끼 나 슈 미 오 오 모 찌 데 스 네

(B) あなたのおくさんのしゅみもきってを
아 나 따 노 오 꾸 상 노 슈 미 모 깃 떼 오

あつめることですか。
아쓰메루고 또 데 스 까

(A) ええ、わたしたちはおなじしゅみなんです。
에 에 와 다 시 다 찌 와 오 나 지 슈 미 난 데 스

---

### 가족 구성원

▶가족이 두 명입니다.

니닝가조 쿠데 스
2人家族です。

▶가족이 다섯 명입니다.

고닝가조 쿠데스
5人家族です。

▶혼자 살고 있습니다.

히토리구 라시데스
ひとりぐらしです。

---

## 53. 음악(취미)

Ⓐ 어떤 음악을 좋아합니까?

Ⓑ 경음악을 좋아합니다.

Ⓐ 클라식과 대중 음악과는 어느 쪽이 좋습니까?

Ⓑ 대중 음악이 좋습니다.

### 포인트 단어

• すく⇒좋아하다. • すきですか⇒좋아합니까? • どん
な⇒어떤. • おんがく⇒음악. • けいおんがく⇒경음악.
• クラシック⇒클라식(classic). • ポピュラー⇒인기가
있는 모양, 대중 음악, 포퓰러(popular). • どちらが⇒
어느 쪽이. • ほう⇒~편, ~쪽.

※ 음악에 관련된 말.
• リズム⇒리듬. • かよう⇒가요. • りゆうこうか⇒유
행가(流行歌). • たてこと⇒하아프. • みんよう⇒민요.
• ばんそう⇒반주. • らっぱ⇒나팔. • こもりうた⇒자장
가. • がつしよう⇒합창. • せんりつ⇒선율. • ゎおん
⇒화음. • こつか⇒국가(國歌). • ギター⇒기타.

142

온 가꾸 슈 미
# おんがく(しゅみ)

Ⓐ
돈 나 온 가꾸가스끼데스 까
どんなおんがくがすきですか。

Ⓑ
게이 온 가꾸가스끼데스
けいおんがくがすきです。

Ⓐ
꾸라 식 꾸또 뽀뷰 라 도데 와도 찌라
クラソックとポピュラーとではどちら

가 스 끼데 스 까
がすきですか。

Ⓑ
뽀 뷰 라 노 호 오가스끼데스
ポピュラーのほうがすきです。

---

## 사무실을 찾아가서

### ▶참 건물 크다! 몇 층이나 될까?

아노 타테모노 오오키이 낭가이 다로오까
あのたてものおおきい、何階だろうか。

### ▶다나카씨 사무실은 어디에 있을까?

다나카산노 지무시쯔 와 도코니 아루까
たなかさんのじむしつはどこにあるか。

### ▶저기 안내소가 있습니다. 여직원에게 물어봅시다.

아소코니 안나이소가 아리마스 안나이스루히또니 기이떼미 마쇼오
あそこにあんないしょがあります。案内する人にきいてみましょう。

143

Ⓐ 테니스를 좋아하십니까?

Ⓑ 예, 나는 테니스를 매우 좋아합니다.

Ⓐ 당신은 언제 테니스를 칩니까?

Ⓑ 나는 친구들과 일요일 오후 테니스를 칩니다.

Ⓐ 그럼 잘 치시겠네요.

Ⓑ 아니오. 그다지 잘 치지 못합니다.

Ⓐ 내주 일요일에 저와 테니스를 치지 않겠습니까?

Ⓑ 예, 좋습니다.

데 니 스
## テニス

(A) 데니스가스끼데스까
テニスがすきですか。

(B) 하 이 와 다 시 와 데 니 스 가 다 이 헨 스 끼 데 스
はい、わたしはテニスがたいへんすきです。

(A) 이 쯔 아 나 따 와 데 니 스 시 마 스 까
いつあなたはテニスしますか。

(B) 와 다 시 와 도 모 다 찌 또 니 찌 요 오 노 고 고 데
わたしはともだちとにちようのごごテ

니 스 오 시 마 스
ニスをします。

(A) 쟈   죠오즈데 쇼  오네
じゃ、上手でしょうね。

(B) 이 이 에   아 마 리 죠오즈  쟈  아 리 마  셍
いいえ、あまり上手じゃありません。

(A) 라 이  슈  우노니찌요오
らいしゅうのにちよう、

와 다 시 또 데 니 스 오 시 마   셍  까
わたしとテニスをしませんか。

(B) 에 에   이 이 데 스 요
ええ、いいですよ。

145

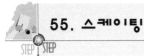

## 55. 스케이팅

Ⓐ 스케이팅을 좋아하십니까?

Ⓑ 예, 매우 좋아합니다.

Ⓐ 스케이트 타는 법을 가르쳐 주시지 않겠습니까?

Ⓑ 예, 그럼 나는 잘 못하니까

　친구에게 부탁하지요.

Ⓐ 그렇습니까? 부탁합니다.

### 포인트 단어

- スケートをすきです⇒스케이팅을 좋아합니다.
- スケート⇒스케이트(skate), 스케이팅.
- すべりかた⇒활주하는 법, 스케이트 타는 법.
- ゆうじん⇒벗, 친구.
- たのんで⇒부탁해서.
- へたですから⇒익숙하지 못하므로, 잘 못하므로.

146

# スケート
<sub>스께 또</sub>

A
스께 또와스끼데스 까
スケートはすきですか。

B
하이 다이스끼데스
はい、だいすきです。

A
스베리까따오오시에떼구다사이마 셍 까
すべりかたをおしえてくださいませんか。

B
에에 데모 와다시와헤따데스까라유우
ええ、でも、わたしはへたですからゆう

징 니다 논 데아게마스요
じんにたのんであげますよ。

A
소오데스까 도오모스미마 셍
そうですか。どうもすみません。

---

**길에서**

▶지하철역으로 가는 지름길을 가르쳐 주시겠습니까?

치까테쯔에끼에 이꾸 치카미치오 오시에떼 구다사이 마셍까
ちかてつえきへ行く近道(ちかみち)をおしえてくださいませんか。

▶이 길로 계속 가시다보면 큰 네 거리가 나옵니다.

고노미치오 맛스구 이랏샤루또 오오키이 코우사텐 가 아리마스
この道をまっすぐいらっしゃるとおおきいこうてんがあります。

▶좌회전하시고 똑바로 가십시오.

사세쯔시 데 맛스구 이랏샷떼 구다사이
させつしてまっすぐいらっしゃってください。

**147**

STEP STEP ◀

Ⓐ 스키를 좋아하십니까?

Ⓑ 예, 좋아합니다.

Ⓐ 이번 겨울에 스키타러 갈 예정이 있습니까?

Ⓑ 우리는 대관령에 갔으면 하고 생각합니다.

Ⓐ 그곳은 초보자에게 적당한 스키장일까요?

Ⓑ 예, 초보자에게 매우 좋습니다.

### 포인트 단어

• ことしのふゆ⇨금년 겨울, 이번 겨울.  • スキー⇨스키(ski).  • あなた⇨너, 당신.  • ことし⇨금년, 올해.
• ふゆ⇨겨울.  • わたしたち⇨우리들.  • そこは⇨그곳은.  • しょしんしゃ⇨초보자.  • よてい⇨예정.

스 끼
## スキー

ⓐ 스 끼　와스끼데스 까
スキーはすきですか。

ⓑ 하 이　스끼데스
はい、すきです。

ⓐ 고또시노후유　스 끼　니이꾸요데이데스 까
ことしのふゆ、スキーにいくよていですか。

ⓑ 에 에　데구 안　롱　에이꼬오도오 못
ええ、テグアンリョンへいこうとおもっ

데 이 마 스
ています。

ⓐ 소꼬와 쇼 신　샤 무끼노스끼　죠
そこはしょしんしゃむきのスキーじょ

오 데 스 까
うですか。

ⓑ 에 에　쇼 신　샤 데모다이　죠 오부데스요
ええ、しょしんしゃでもだいじょうぶですよ。

### 포인트 단어

- テグアンリョン⇒대관령.　• スキーじょう⇒스키장.
- しょしんしゃでも⇒초보자에게도.
- だいじょうぶですよ⇒대단히 좋습니다, 매우 훌륭합
니다.

**149**

## 57. 골프

Ⓐ 골프를 하고 싶은데 가르쳐 주지

않겠습니까?

Ⓑ 예, 좋습니다.

그러면 도구는 가지고 있습니까?

Ⓐ 아니요, 갖고 있지 않습니다.

Ⓑ 그러면 대여 구두, 대여 클럽도 없습니까?

Ⓐ 아니요, 그것은 있습니다.

Ⓑ 그것 잘 되었습니다. 자, 그럼

볼 치는 법부터 배우지 않겠습니까?

Ⓐ 예, 좋습니다.

고 루 후
## コルフ

Ⓐ 고루후오시따 인 데스가 오시에 떼꾸레
コルフをしたいんですがおしえてくれ

마 셍 까
ませんか。

Ⓑ 에에 이이데스요
ええ、いいですよ。

소 레 데 도 오 구 와  못 떼 이 마 스 까
それでとうぐはもっていますか。

Ⓐ 이이에   못 떼 이 끼 마 셍
いいえ、もっていきません。

Ⓑ 데 와 가 시 구 쓰  가 시 구 라 부 모 아 리 마  셍 까
ではかしぐつ、かしクラブもありませんか。

Ⓐ 이 이 에  소 레 와 아 리 마 스 요
いいえ、それはありますよ。

Ⓑ 소 레 와 요 갓 따.  쟈  보  루 노 우 찌 가
それはよかった。じゃ、ボールのうちか

따 가 라 오 시 에 떼 꾸 레 마 셍 까
たからおしえてくれませんか。

Ⓐ 에에 이이데스요
ええ、いいですよ。

151

# 58. 영화

Ⓐ 당신은 영화를 좋아하십니까?

Ⓑ 예, 매우 좋아합니다.

Ⓐ 그럼 영화보러 갈까요?

Ⓑ 좋습니다.

Ⓐ 멜로 드라마와 액션 영화중

어느 쪽을 좋아하십니까?

Ⓑ 나는 액션 영화를 좋아합니다.

---

**포인트 단어**

- あなたは⇒당신은, 너는, 그대는, 자네는.
- えいが(映画)⇒영화. ・だいすき⇒매우 좋아함.
- メロドラマ⇒멜로 드라마
- アクションえいが⇒액션 영화.

## えいが
<small>에 이 가</small>

Ⓐ <small>아 나 따 와 에 이 가 가 스 끼 데 스 까</small>
あなたはえいががすきですか。

Ⓑ <small>에 에　다 이 스 끼 데 스 요</small>
ええ、だいすきですよ。

Ⓐ <small>쟈　　에 이 가 니 이 끼 마　쇼　오 까</small>
じゃ、えいがにいきましょうか。

Ⓑ <small>이 이 데 스 요</small>
いいですよ。

Ⓐ <small>메 로 도 라 마 또 아 꾸　숀　에 이 가 또 도 찌</small>
メロドラマとアクションえいがとどち

<small>라 가 스 끼 데 스 까</small>
らがすきですか。

Ⓑ <small>와 다 시 와 아 꾸　숀　에 이 가 노 호 오 가 스</small>
わたしはアクションえいがのほうがす

<small>끼 데 스</small>
きです。

### 포인트 단어

※ 영화에 관련된 말.
• ししゃ⇒시사(試写). • けんえつ⇒검열. • しゅえん
⇒주연. • はいやく⇒배역. • かんとく⇒감독.
• ふうきり⇒개봉. • にゅうじょう⇒입장.

Ⓐ 이 그림, 어떻습니까?

Ⓑ 훌륭하군요.

정말 볼만한 가치가 있어요.

Ⓐ 내주 일요일,

사생하러 가는 데

같이 가지 않겠습니까?

Ⓑ 예, 기꺼이 가겠습니다.

### 포인트 단어

- え⇒그림. • このえ⇒이 그림.
- どう⇒어떻게.
- すだらしい⇒훌륭하다.
- らいしゅう⇒내주(來週).
- しゃせい⇒사생(写生).

154

게 이 쥬 쓰
# げいじゅつ

고 노 에  도 오 데 스 까
A こ の え 、 ど う で す か 。

스 바 라 시 이 데 스 네
B す ば ら し い で す ね 。

혼  또 오 니 이 이 데 끼 데 스 요
ほ ん と う に い い で き で す よ 。

라 이  슈  우 노 니 찌 요 오 비
A ら い し ゅ う の に ち よ う び 、

샤 세 이 니 이  꾼  데 스 가 잇  쇼 니 이
し ゃ せ い に い く ん で す が い っ し ょ に い

끼 마 셍  까
き ま せ ん か 。

에 에  요 로  꼰  데
B え え 、 よ ろ こ ん で 。

### 포인트 단어

※ 그림에 관련된 말.

- げいじゅつ⇒예술.
- クレョン⇒크레용.
- ふうけいが⇒풍경화.
- ちょうこく⇒조각.
- ちょうぞう⇒소조.
- てんらんかい⇒전람회.

Ⓐ 당신은 등산을 좋아합니까?

Ⓑ 예, 좋아합니다.

Ⓐ 서울 근교에 좋은 산이 있습니까?

Ⓑ 있고 말고요.

Ⓐ 어떤 산들이 있습니까?

Ⓑ 도봉산, 삼각산,

북한산 등입니다.

Ⓐ 어느 산이 제일 높습니까?

Ⓑ 북한산이 가장 높다고 생각합니다.

### 도 잔
# とざん

<br>

⒜
아 나 따 와 도 잔 가 스 끼 데 스 까
あなたはとざんがすきですか。

<br>

⒝
하 이　스 끼 데 스
はい、すきです。

<br>

⒜
소 우 루 노 지 까 꾸 니 이 이 야 마 가 아 리 마 스 까
ソウルのちかくにいいやまがありますか。

<br>

⒝
아 리 마 스 요
ありますよ。

<br>

⒜
돈　나 야 마 데 스 까
どんなやまですか。

<br>

⒝
도 봉　산　　사 무 가 꾸 산
ドボンサン、サムガクサン、

봇　깐　산 나 도 데 스
ブッカンサンなどです。

<br>

⒜
도 노 야 마 가 이 찌 방 다 가 이 데 스 까
どのやまがいちばんたかいですか。

<br>

⒝
봇　깐　산 가 이 찌 방 다 까 이 또 오 모
ブッカンサンがいちばんたかいとおも

이 마 스
います。

<br>

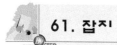
Ⓐ 당신은 어떤 종류의 잡지를

보시겠습니까?

Ⓑ 나는 문예지를 신청하고 싶습니다.

Ⓐ 문학 사상지가 아직 나오고 있습니까?

Ⓑ 예, 나옵니다.

당신은 어떤 종류의 책을

읽고 싶습니까?

Ⓐ 나는 좋은 소설이 읽고 싶습니다.

### 포인트 단어

• どんな⇒어떤.  • しゅるい⇒종류.  • ざっし⇒잡지.
• とる⇒사들이다, 구입하다.  • ぶんげいざっし⇒문예
잡지.  • まだ⇒아직, 여태.  • でていますか⇒나오고 있
습니까?  • およみに⇒읽어.  • いい⇒좋은.

158

## 잣 시
## ざっし

Ⓐ 아 나 따 와 돈 나 슈 루 이 노 잣 시 오 오
あなたはどんなしゅるいのざっしをお

도 리 니 나 루 노 데 스 까
とりになるのですか。

Ⓑ 와 다 시 와 분 게 이 잣 시 오 도 리 따 이 노 데 스
わたしはぶんげいざっしをとりたいのです。

Ⓐ 무 나 꾸 사 상 와 마 다 데 떼 이 마 스 까
ムナクササンはまだでていますか。

Ⓑ 하 이 데 떼 이 마 스
はい、でています。

아 나 따 와 돈 나 슈 루 이 노 혼 오 오 요
あなたはどんなしゅるいのほんをおよ

미 니 나 리 따 이 노 데 스 까
みになりたいのですか。

Ⓐ 와 다 시 와 이 이 쇼 오 세 쓰 가 요 미 따 이 데 스
わたしはいいしょうせつがよみたいです。

**포인트 단어**

- しょうせつ⇒소설.  • よみたいです⇒읽고 싶습니다.
- よみ⇒읽다.  • たいしゅうざっし⇒대중 잡지.
- ふじんざっし⇒부인 잡지.
- げっかんざっし⇒월간 잡지.

## 62. 라디오

Ⓐ 라디오좀 들읍시다.

Ⓑ 좋습니다.

Ⓐ 오늘은 무슨 방송이 있습니까?

Ⓑ 라디오 드라마가 있습니다.

Ⓐ 라디오 프로그램에서

무엇을 제일 좋아하십니까?

Ⓑ 나는 음악방송을

제일 좋아합니다.

**포인트 단어**

- きく⇨듣다.
- ラヅオ⇨라디오(radio).
- ききましょう⇨들읍시다.
- きょう⇨오늘.
- なにが⇨무엇이.
- ほうそう⇨방송.
- ラヅオドラマ⇨라디오 드라마.

라 지 오
# ラジオ

ⓐ 라 지 오 데 모 기 끼 마  쇼  오
ラジオでもききましょう。

ⓑ 소 오 시 마  쇼  오
そうしましょう。

ⓐ  교  오 와 나 니 가 호 오 소 오 사 레 떼 이 마 스 까
きょうはなにがほうそうされていますか。

ⓑ 라 지 오 도 라 마 가 아 리 마 스
ラジオドラマがあります。

ⓐ 라 지 오  반  구 미 노 나 까 데 나 니 가 이 찌
ラジオばんぐみのなかでなにがいち

 방  스 끼 데 스 까
ばんすきですか。

ⓑ 와 다 시 와 온 가 꾸  방  구 미 오 가 이 찌
わたしはおんがくばんぐみうがいち

 방  스 끼 데 스
ばんすきです。

### 포인트 단어

• ばんぐみ⇒방송 프로.   • なかで⇒중에서, 가운데에서.
• いちばん⇒제일, 첫째로, 가장.
• いちばんすきです⇒첫째로 좋아합니다. 가장 좋아합니다. (무엇보다도)제일 좋아합니다.

**161**

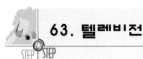
Ⓐ 채널을 돌려주지 않겠습니까?

Ⓑ 예.

Ⓐ 나는 밤에 약 세 시간 텔레비전을

봅니다.

Ⓑ 당신이 좋아하는 프로는 어떤 것입니까?

Ⓐ 내가 좋아하는 프로는 연속극입니다.

### 포인트 단어

• おきにいりのプログラム⇒좋아하는 프로.
• チャンネル⇒채널(channel).  • さんじかん⇒세 시간.
• ばんぐみ⇒프로그램(program).  • やく⇒약.
• テレビ⇒텔레비전(televisien).  • みます⇒봅니다.
• おきにいり⇒마음에 드는 일, 그러한 사람.
• なんですか⇒무엇입니까?  • れんぞくげき⇒연속극.

※ 텔레비전에 관련된 말.
• テレビタレント⇒T.V 탤런트.  • きろくえいが⇒기록
영화.  • れんぞくばんぐみ⇒연속 프로그램.

데 레 비
## テレビ

여가
활용

짠 네루오마 와시떼꾸레마 셍 까
Ⓐ チャンネルをまわしてくれませんか。

하 이
Ⓑ はい。

와 다 시 와 요 루 야 꾸 산 지 깐 데 레 비 오
Ⓐ わたしはよるやくさんじかんテレビを

미 룬 데 스 요
みるんですよ。

아 나 따 노 오 끼 니 이 리 노 방 구 미 난 데 스 까
Ⓑ あなたのおきにいりのばんぐみなんですか。

와 다 시 노 스 끼 나 방 구 미 와 렌 죠 구 게 끼 데 스
Ⓐ わたしの好きなばんぐみはれんぞくげきです。

---

### 대화할 때

▶**다시 한번 말씀해 주시겠습니까?**

모오이찌 도 옷샷떼구 다사이
もう一度おっしゃってください。

▶**말씀을 잘 알아들을 수가 없군요.**

하나시타 코또가 와까리니 꾸이데스
はなしたことがわかりにくいです。

▶**말씀하시는 것을 이해할 수 없군요.**

옷샷타 코또가 와까리니 꾸이데스
おっしゃったことがわかりにくいです。

---

**163**

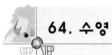

## 64. 수영

Ⓐ 수영을 할 줄 아십니까?

Ⓑ 예, 압니다.

Ⓐ 나는 내주 일요일

해운대로 수영 갈 생각인데요.

함께 가시지 않겠습니까?

Ⓑ 예, 좋습니다.

### 포인트 단어

- およげます⇒수영할 줄 안다. • およぎ⇒헤엄.
- こすいよい⇒수영(swimming). • らいしゅう⇒내주.
- にちようび⇒일요일. • ヘウンデ⇒해운대.
- いっしょに⇒함께, 같이. • いいですよ⇒좋습니다.
- いきませんか⇒가지 않겠습니까?

※ 수영의 종류.
- ひらおよぎ⇒평영. • クロール⇒크롤(crawl).
- じゆうがた⇒자유형. • せおよぎ⇒배영.
- とびこみだい⇒도약판.

고 스 이 요 이
こすいよい

ⓐ
오 요 게 마 스 까
およげますか。

ⓑ
에 에　오 요 게 마 스 요
ええ、およげますよ。

ⓐ
와 다 시 와 라 이 슈　우 노 니 찌 요 비 니
わたしはらいしゅうのにちよびに

해 운 데 에 오 요 기 니 이 꾼 데 스 가
ヘウンデへおよぎにいくんですが。

잇　쇼 니 이 끼 마 셍 까
いっしょにいきませんか。

ⓑ
에 에　이 이 데 스 요
ええ、いいですよ。

---

**대화할 때**

▶내가 이해할 수 있도록 말씀하신 것을 적어주시겠습니까?

와타시가　와까루요 오니　옷샷타코 또오 가이떼구 다사이
私がわかるようにおしゃったことをかいてください。

▶말씀하시는 것을 반정도만 이해합니다.

옷샷타코 또오　스코시시 카　와카리마 셍
おっしゃったことをすこししかわかりません。

▶제가 말을 제대로 했습니까?

와타시노　하나시타　니혼고가　다타시이 데스까
私のはなした日本語がただしいですか。

---

Ⓐ 당신은 매년 여름 캠핑을 갑니까?

Ⓑ 예, 갑니다.

Ⓐ 캠핑가서 무엇을 합니까?

Ⓑ 캠프 파이어를 하고 노래를 부르며

   그 주위에서 춤을 춥니다.

Ⓐ 그것은 매우 재미있을 것 같군요.

Ⓑ 당신은 캠핑 도구를 가지고 있나요?

### 포인트 단어

- まいとし⇒매년, 해마다.
- きみ⇒당신, 너, 자네, 군.
- キャンプ⇒캠프(camp).
- キャンプフアイヤ⇒캠프파이어(camp fire).

나쓰 꺄ロ 뿌
# なつキャンプ

(A) 아나따와마이도시나쓰 꺄ロ 뿌니이끼마스 까
あなたはまいとしなつキャンプにいきますか。

(B) 에에 이끼마스요
ええ、いきますよ。

(A) 꺄ロ 뿌데나니오스루노데스 까
キャンプでなにをするのですか。

(B) 꺄ロ 뿌 화 이야오시떼우따오우따이
キャンプフアイヤをしてうたをうたい

소노마와리데 단 스오시마스
そのまわりでダンスをします。

(A) 소레와도떼모오모시로이소오데스네
それはとてもおもしろいそうですね。

(B) 아나따와 꺄ロ 삥 구노도오구오 못
あなたはキャンピングのどうぐをもっ

떼이마스 까
ていますか。

**포인트 단어**

• そのまわりで⇒그 주위에서.

• ダンス⇒댄스(dance).

• どうぐ⇒도구, 연장.

• まいとしなつ⇒매년 여름.

Ⓐ 여름 바캉스는 언제입니까?

Ⓑ 아마 8월에 있을 것입니다.

Ⓐ 어디로 가실 계획입니까?

Ⓑ 글쎄요,

　어디 해변가나 갈까 생각합니다.

Ⓐ 가족도 함께 갑니까?

Ⓑ 예, 그렇게 할 작정입니다.

---

### 포인트 단어

- なつのバカンス⇒여름 바캉스.
- バカンス⇒바캉스(vacances).
- いつですか⇒언제입니까?
- どこへ⇒어디로, 어느 곳으로.
- つもり⇒예정, 생각, 셈, 심산.
- かいがん⇒해변, 해변가, 바닷가.
- なつ⇒여름.
- かぞく⇒가족.
- はちがつ⇒8월.

바 깡 스
## バカンス

なつのバカンスはいつですか。
(A) 나쓰노바 깡 스와이쯔데스 까

(B) たぶんはちがつでしょう。
다 분 하찌가쓰데 쇼 오

(A) どこへいくつもりですか。
도 꼬에 이꾸쓰모리데스 까

(B) そうですね。
소 오 데 스 네

かいがんへでもいこうかとおもっています。
가이 간 에데모이꼬오까또오 못 데이마스

(A) ごかぞくもごいっしょですか。
고 가조꾸모고 잇 쇼 데스 까

(B) ええ、そうつもりです。
에 에 소오쓰모리데스

---

### 소매치기

▶**도와주세요.**

たすけてください。
타스케데 구다사이

▶**내 지갑이 없어졌어요.**

わたしのさいふがなくなりました。
와타시노 사이후가 나쿠나리 마시다

**169**

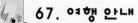

ⓐ 국내 여행 안내도 해 주십니까?

ⓑ 예, 물론입니다.

ⓐ 경주 구경을 하고 싶은 생각이 있어서요.

ⓑ 그렇습니까?

ⓐ 내일 표 두 장 있을까요?

ⓑ 예, 있습니다.

**포인트 단어**

• りょこうあんない⇒여행 안내. • こくない⇒국내.
• りょこう⇒여행. • あんない⇒안내. • りょこうあん
ないしょ⇒여행 안내소. • キョンジュ⇒경주. • した
い⇒하고 싶다. • きっぷ⇒표. • にまい⇒두 장.

## りょこうあんない
료꼬오 안 나이

(A) こくないのりょこうあんないもしてく
고꾸나이노 료꼬오 안 나이모시떼구

れますか。
레마스 까

(B) ええ、もちろんです。
에에 모찌 론 데스

(A) キョンジュけんぶつをしたいとおもい
경 주 겐 부쓰오시따이또오모이

ましてね。
마 시 떼 네

(B) そうですか。
소 오데 스 까

(A) あたしのきっぷにまいありますか。
아 따 시 노 깃 뿌니마이아리마스 까

(B) はい、ございます。
하 이 고자이마스

---

**포인트 단어**

※ 여행에 관련된 말.

● きゅうこうれっしゃ⇒급행열차.

● とっきゅう⇒특급열차.  ● かもつれっしゃ⇒화물열차.

● しんだいしゃ⇒침대차.

**171**

Ⓐ 한국에서 제일 유명한 온천은 어디입니까?

Ⓑ 수안보 온천입니다.

Ⓐ 대중탕도 있습니까?

Ⓑ 예, 있습니다.

Ⓐ 비싸지 않을까요?

Ⓑ 아닙니다. 매우 쌉니다.

**포인트 단어**

• ゆらめいなおんせん⇒유명한 온천.
• いちばん⇒제일, 가장, 첫째로.
• ゆうめいな⇒유명한, 이름난, 알려진.
• おんせん⇒온천.
• スアソボ⇒수안보.
• だいよくじょう⇒대중탕.

## 온 센
# おんせん

Ⓐ
강 꼬꾸데이찌 방 유우메이나 온 센
かんこくでいちばんゆうめいなおんせん

와 도 꼬데스 까
はどこですか。

Ⓑ
수 안 보 온 센데스
スアンボおんせんです。

Ⓐ
다이요꾸죠오모아리마 스 까
大浴場もありますか。

Ⓑ
에에 아리마스
ええ、あります。

Ⓐ
다 가꾸아리마 셍 까
たかくありませんか。

Ⓑ
이 이에 도 떼모야스이데스
いいえ、とてもやすいです。

---

**포인트 단어**

- たかく ⇒ 값이 비싼.
- やすい ⇒ 값이 싸다.
- とても ⇒ 매우, 대단히.
- たかくありませんか ⇒ 비싸지 않습니까? 비싸지 않을까요?

**173**

## 4. 69. 차표를 살 때

STEP STEP ◀

ⓐ 부산으로 가는 차표를 주십시오.

부산행 열차는 이미 떠났습니까?

---

ⓑ 아니요, 아직 안 떠났습니다.

그러나, 이제 10분 있으면 떠납니다.

---

### 포인트 단어

• プサン⇒부산(釜山). • まで⇒~까지. • きっぷ⇒차
표. • ください⇒주십시오. • プサンゆきの⇒부산행의.
• れっしゃ⇒열차. • きしゃ⇒기차. • しゅっぱつ⇒출
발. • まだです⇒아직입니다, 아직 안 떠났습니다.

※ 기차 여행에 관련된 말.
• まちあいしつ⇒대합실. • しょくどうしゃ⇒식당차.
• おうふく⇒왕복. • ~ゆき⇒~행. • のぼりれっしゃ
⇒상행 열차. • くだりれっしゃ⇒하행 열차. • かいさ
つぐち⇒개찰구. • あかぼう⇒포오터, 역부. • きっぷ
うりば⇒매표소. • いつでますか⇒언제 떠납니까? 언
제 출발합니까?

174

## きっぷをかうとき
깃 뿌오가우도끼

_____ Ⓐ
뿌 산 마 데 노  깃 뿌 오 구 다 사 이
プサンまでのきっぷをください。

_____
뿌 산 유 끼 노  렛  샤  와 모 오   슛     빠
プサンゆきのれっしゃはもうしゅっぱ

_____
쓰 시 마 시 다 까
つしましたか。

_____ Ⓑ
이 이 에  마 다 데 스
いいえ、まだです。

_____
데 모 아 도 짓  뿐 데   슛   빠 쓰 시 마 스 요
でもあとじっぷんでしゅっぱつしますよ。

---

### 휴양지에서

▶참으로 멋진 해수욕장이군!

혼또오니 스테키나 카이스이 요꾸죠오데스네
ほんとうにすてきなかいすいよくじょうですね。

▶나와 같은 생각이시군요.

와타시토 오나지 강가에데 스네
私とおなじかんがえですね。

▶어디 가서 뭣 좀 먹읍시다.

도코까에 잇떼 나니까 타베마쇼오
どこかへ行って何かたべましょう。

---

Ⓐ 그런데, 부산에는 무엇으로 가십니까?

Ⓑ 저는 고속버스로 가려고 생각하고 있었습니다만.

Ⓐ 그렇습니까?

Ⓑ 부산까지 고속버스로 어느 정도

시간이 걸립니까?

Ⓐ 다섯 시간 남짓 걸리겠죠.

Ⓑ 부산까지 곧바로 직행하는 것입니까?

Ⓐ 아닙니다. 도중에서 약 10분 정도 쉽니다.

## ゆくさきをとうとき
유꾸사끼오도우도끼

(A) ところで、プサンへはなにでいきましょうか。
도꼬로데 뿌 산 에와나니 데이끼마 쇼 오까

(B) 私はこうそくバスでいこうとおもって
와다시와고오소 꾸 바스 데 이 꼬오또오 못 떼

いたんですが。
이 딴 데스 가

(A) そうですか。
소오데스 까

(B) 釜山までこうそくバスでどのくらいか
뿌산마 데 고오소꾸 바스네 도 노구 라이 가

かるんですか。
까 룬 데스 까

(A) ごじかんたらずでしょう。
고 지 깡 다 라 즈데 쇼 오

(B) 釜山までノンストップですか。
뿌 산 마 데 논 스 돗 뿌 데스 까

(A) いいえ、とちゅうでやくじっぷんぐらい
이 이 에 도 쮸 우 데 야 꾸 짓 뿐 구 라 이

やすみます。
야 스 미 마 스

177

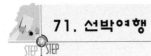
Ⓐ 배에는 자신 있으십니까?

Ⓑ 그다지 자신있는 편은 아닙니다.

Ⓐ 그렇습니까? 저도 배에는 약해서 심한

배멀미를 한답니다.

Ⓑ 코오베를 출발해서 현해탄에

나오면 흔들리지요.

Ⓐ 그럼, 당신은 왜 배로 하십니까?

Ⓑ 저는 별로 바쁠것도 없거니와,

뭐라고 해도 선박여행이

즐겁기 때문이죠.

후 네 노 료 꼬 오
# ふねのりょこう

(A)
후 네 니 와 오 쓰 요 인 데 스 까
ふねにはおつよいんですか。

(B)
아 마 리 쓰 요 이 호 오 쟈 아 리 마 셍 네
あまり強いほうじゃありませんね。

(A)
소 오 데 스 까 보 꾸 모 후 네 니 요 와 꾸 시 떼 요
そうですか。ぼくもぶねによわくしてよ

꾸 후 나 요 이 오 스 룬 데 스
くふなよいをするんです。

(B)
고 오 베 오 데 떼 까 라 겡 까 이 나 다 니 사 시
こうべをでてからげんかいなだにさし

가 까 루 또 유 레 마 스 네
かかるとゆれますね。

(A)
쟈 아 나 따 와 도 오 시 떼 후 네 니 나 사 룬 데 스 까
じゃ、あなたはどうしてふねになさるんですか。

(B)
와 다 시 와 베 쓰 니 이 소 구 와 게 데 모 나 이 시
わたしはべつにいそぐわけでもないし、

난 또 잇 데 모 후 나 따 비 노 호 오 가 따 노
なんといってもふなたびのほうがたの

시 이 몬 데 스 까 라 네
しいもんですからね。

# 72. 선실 예약

STEP STEP ◀

Ⓐ 일등 선실은 아직 남아 있습니까?

Ⓑ 아닙니다. 이미 모두 예약되었습니다.

Ⓐ 그러면 이등 선실 침대 하나

　 예약하고 싶은데요.

Ⓑ 몇 시 편으로 하시겠습니까?

Ⓐ 아침 8시에 승선하고 싶은데요.

### 포인트 단어

- ふねのりょこう⇒선박여행. • いっとう⇒일등.
- せんしつ⇒선실(船室). • ふね⇒선박, 배.
- まだ⇒아직. • あいていますか⇒남아 있습니까?
- もう⇒이미. • すべて⇒전체, 전부, 일체.
- よやく⇒예약. • にとうせんしつ⇒이등 선실.
- しんだい⇒침대. • ひとつ⇒하나.
- あさ⇒아침. • はちじ⇒8시.

※ 선박여행에 관련된 말.
- ふなたび⇒배여행. • せんちょう⇒선장.

셴 시쓰노요야꾸
## せんしつのよやく

잇 또오 셴 시쓰 와 마 다 아 이 떼 이 마 스 까
Ⓐ いっとうせんしつはまだあいていますか。

이 이 에　모오스베떼요야꾸즈미데스
Ⓑ いいえ、もうすべてよやくずみです。

데와니또오 셴 시쓰노 신 다 이 오 히 또
Ⓐ ではにとうせんしつのしんだいをひと

쓰요야꾸시 따 이 노 데 스 가
つよやくしたいのですが。

난 지 노 빈 니 나 사 이 마 스 까
Ⓑ なんじのびんになさいますか。

아 사 하 찌 지 노 니 노 리 따 이 노 데 스 가
Ⓐ あさはちじのにのりたいのですが。

---

### 휴양지에서

**▶점심식사 후 무얼할까요?**

히루고한노아또 나니오 시마쇼오 까
ひるごばんのあと何をしましょうか。

**▶수상스키를 하고 싶습니다.**

스이죠오 스키가 호시타인 데스
水上スキーがはしたいんです。

**▶그걸하면 좋겠군요.**

소레가 이인데스네
それがいいんですね。

181

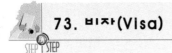
Ⓐ 실례합니다.

Ⓑ 네, 무슨 일인가요?

Ⓐ 비자를 받으러 왔습니다만.

Ⓑ 입국 목적은 무엇입니까?

Ⓐ 관광입니다.

Ⓑ 직업이 무엇입니까?

Ⓐ 의사입니다.

Ⓑ 그렇습니까? 네, 알았습니다.

   즐거운 여행되시길.

Ⓐ 감사합니다.

## 비 자
# ビザ

Ⓐ <ruby>す<rt>스</rt></ruby><ruby>み<rt>미</rt></ruby><ruby>ま<rt>마</rt></ruby><ruby>せ<rt>셍</rt></ruby>ん。

스미마 셍
Ⓐ すみません。

하이 난 데 쇼 오 까
Ⓑ はい、なんでしょうか。

비 자 오 모 라 이 니 기 단 데 스 가
Ⓐ ビザをもらいにきたんですが。

뉴 우 꼬 꾸 노 모 꾸 데 끼 와 난 데 스 까
Ⓑ にゅうこくのもくてきは何ですか。

간 꼬 오 데 스
Ⓐ かんこうです。

오 시 고 또 와 난 데 스 까
Ⓑ おしごとはなんですか。

이 샤 데 스
Ⓐ いしゃです。

소 오 데 스 까 하 이 겟 꼬 오 데 스
Ⓑ そうですか。はい、けっこうです。

요 이 고 료 꼬 오 오
よいごりょこうを。

도 오 모 아 리 가 또 오 고 자 이 마 시 다
Ⓐ どうも、ありがとうございました。

183

## 74. 여권

STEP STEP ◀

Ⓐ 여권을 보여 주십시오.

Ⓑ 예, 여기 있습니다.

Ⓐ 한국에 얼마동안이나 머물

예정이십니까?

Ⓑ 약 2주간입니다.

Ⓐ 방문의 목적은 무엇입니까?

Ⓑ 관광입니다.

Ⓐ 좋습니다. 즐거운 여행이 되시기를.

Ⓑ 감사합니다.

# パスポート

(A)
빠 스 뽀    또 오 미 세 떼 구 다 사 이
パスポートをみせてください。

(B)
하 이    도 오 조
はい、どうぞ。

(A)
강    꼬 꾸 니 도 노 구 라 이 다 이 자 이 노 요 떼
かんこくにどのくらいたいざいのよて

이 데 스 까
いですか。

(B)
야 꾸 니    슈 우 깐    데 스
やくにしゅうかんです。

(A)
호 오 몬    노 모 꾸 데 끼 와 난    데 스 까
ほうもんのもくてきはなんですか。

(B)
강    꼬 오 데 스
かんこうです。

(A)
겟    꼬 오 데 스    도 오 조 요    이 고    료 꼬 오 오
けっこうです。どうぞよい街旅行を。

(B)
도 오 모    아 리 가 또 오 고 자 이 마 스
どうも、ありがとうございます。

185

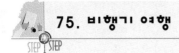
Ⓐ 비행기로 떠나기는 처음이십니까?

Ⓑ 예, 처음입니다.

Ⓐ 여행에 필요한 서류는 가지고 계십니까?

Ⓑ 예, 여권, 비자, 주사 카드, 그리고

항공권도 가지고 있습니다.

Ⓐ 여행 목적은 무엇입니까?

Ⓑ 관광여행입니다.

Ⓐ 몇 시 출발입니까?

히꼬오끼노 료꼬오
# ひこうきのりょこう

---

(A)
히꼬오끼데이꾸노와하지메떼데스까
ひこうきでいくのははじめてですか。

---

(B)
에에 하지메떼데스
ええ、はじめてです。

---

(A)
료꼬오니 힛요오나 쇼 루이와오모
りょこうにひっようなしょゐいはおも

찌데스까
ちですか。

---

(B)
하이 료껜 비자 이에로 까 도
はい、りょけん、ビザ、イエローカード

소시떼꼬오꾸우 껜 오 못떼이마스
そしてこうくうけんをもっています。

---

(A)
료꼬오모꾸데끼와 난 데스까
りょこうもくてきはなんですか。

---

(B)
간꼬오 료꼬오데스
かんこうりょこうです。

---

(A)
난지 슛 빠쓰노 빈 데스까
なんじしゃっぱつのびんですか。

---

187

Ⓐ 뉴욕행 대한항공 707 을 타려는데요.


Ⓑ 항공권을 가지고 계십니까?

Ⓐ 예, 여기 있습니다.

Ⓑ 그리고, 자리는 어느쪽으로 하시겠습니까?


Ⓐ 글쎄요,

　저 앞에서 세 번째의 창문곁으로 해 주세요.


Ⓑ 예, 알겠습니다.

고오꾸우 껜
## こうくうけん

누 요 꾸유끼노까 루나나 햐꾸
(A) ニューヨークゆきのカールななひゃく

나나 빙 니노리다이노데스가
ななびんにのりたいのですが。

고오꾸우 껜 와오모찌데스까
(B) こうくうけんはお得ちですか。

하이 고꼬니아리마스
(A) はい、ここにあります。

소레까라 세끼와도찌라노호오니나사이
(B) それから、せきはどちらのほうになさい

마 스 까
ますか。

소오데스네
(A) そうですね。

아노마에까라 산 반 메노마도기와노
あのまえからさんばんめのまどぎわの

도꼬로니시떼구다사이
ところにしてください。

하이 가시꼬마리마시따
(B) はい、かしこまりました。

189

Ⓐ 여권과 세관 신고서를 보여 주십시오.

Ⓑ 예, 여기 있습니다.

Ⓐ 이 상자는 무엇입니까?

Ⓑ 이것은 서양 인형입니다. 열어볼까요?

열어볼까요?

Ⓐ 무엇이나 특별히 신고할 것은 없습니까?

Ⓑ 예, 없습니다.

Ⓐ 좋습니다.

Ⓑ 감사합니다.

제 이 깐 데
# ぜいかんで

ⓐ
빠 스 뽀 또 또 제 이 깐 신 고 꾸 쇼 오
パスポートとぜいかんしんこくしょを

미 세 떼 구 다 사 이
みせてください。

ⓑ
하 이 고 꼬 니 고 자 이 마 스
はい、ここにございます。

ⓐ
고 노 하 꼬 와 난 데 스 까
このはこはなんですか。

ⓑ
고 레 와 세 이 요 오 닝 교 오 데 스
これはせいようにんぎょうです。

아 께 마 쇼 오 까
あけましょうか。

ⓐ
나 니 가 도 꾸 베 쓰 니 신 고 꾸 스 루 모 노 와 아 리 마 셍 까
何かとくべつにしんこくするものはありませんか。

ⓑ
하 이 아 리 마 셍
はい、ありません。

ⓐ
이 이 데 쇼 오
いいでしょう。

ⓑ
아 리 가 또 오 고 자 이 마 스
ありがとうございます。

Ⓐ 다나까씨, 잘 오셨습니다.

Ⓑ 일부러 마중나와 주셔서 감사합니다.

Ⓐ 아니, 별말씀을.

Ⓑ 이 길은 '한국의 입구'의 탓인지 훌륭하군요.

Ⓐ 예, 요즈음은 도로의 사정이 많이

좋아지고 있습니다.

### 포인트 단어

- ようこそいらっしゃいました⇒잘 오셨습니다.
- 田中さん⇒다나까씨.
- わざわざ⇒일부러, 특별히.
- でむかえ⇒마중하다, 출영하다.  • いりぐち⇒입구.
- りっぱな⇒훌륭한.  • さいきん⇒요즈음.
- じじょう⇒사정.  • ため⇒까닭, 이유, 원인, 목적.

구 우 꼬 오 데 무 까 에
## くうこうでむかえ

Ⓐ 다나까 상　요오꼬소이 랏　샤 이마시 따
田中さん、ようこそいらっしゃいました。

Ⓑ 와 자 와 자 오 데 무 까 에 구 다　삿　떼 아 리 가 또 오
わざわざおでむかえくださってありがとう。

Ⓐ 이 이 에　도 오 이 따 시 마 시 떼
いいえ、どういたしまして。

Ⓑ 고 노 미 찌 와 간 꼬꾸노 이 리 구 찌 노 다 메 까
このみらは「韓国のいりぐち」のだめか、

릿　빠 나 모 노 데 스 네
りっぱなものですね。

Ⓐ 에 에　사 이　낑 와 도 오 로 노 지 죠 오 가 다
ええ、さいきんはどうろのじじょうがだ

이 부 요 꾸　낫　떼 오 리 마 스
いぶよくなっております。

---

### 계산대에서

▶요금은 얼마입니까?

료오낑와 이쿠라데 스까
りょうきんはいくらですか。

▶이것이 요금표입니다.

고레가 카가꾸효 오데스
これがかがくひょうです。

**193**

Ⓐ 어제, 전화로 예약한 박입니다만.

Ⓑ 어서 오십시오.

기다리고 있었습니다.

여기로 오십시오.

조용하고 좋은 방이 있습니다.

Ⓐ 좀 더 작은 방은 없습니까?

Ⓑ 예, 있습니다.

Ⓐ 욕실은 붙어 있습니까?

Ⓑ 샤워만으로 되어 있습니다.

## よやくしておいたホテルで
<small>요 야 꾸 시 떼 오 이 따 호 떼 루 데</small>

Ⓐ
<small>기 노 오　덴 와 데 요 야 꾸 시 떼 오 이 따 빠 꾸</small>
きのう、でんわでよやくしておいたパク

<small>데 스 가</small>
ですが。

Ⓑ
<small>이 랏 샤 이 마 세</small>
いらっしゃいませ。

<small>오 마 찌 시 떼 오 리 마 시 따</small>
おまちしておりました。

<small>도 오 소 고 찌 라 에</small>
どうぞこちらへ。

<small>시 즈 까 데 이 이 헤 야 데 고 자 이 마 스</small>
しずかでいいへやでございます。

Ⓐ
<small>못 또 찌 이 사 이 헤 야 와 아 리 마 셍 까</small>
もっと小さいへやはありませんか。

Ⓑ
<small>하 이　고 자 이 마 스</small>
はい、ございます。

Ⓐ
<small>요 꾸 시 쓰 와 쓰 이 떼 이 마 스 까</small>
よくしつはついていますか。

Ⓑ
<small>샤 와　다 께 니 낫 떼 오 리 마 스</small>
シャワーだけになっております。

195

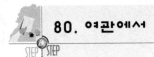
Ⓐ 어서 오십시오.

Ⓑ 빈방이 있습니까?

Ⓐ 예, 어서 올라 오십시오.

Ⓑ 조용한 방이 필요한데요.

Ⓐ 별채로 안내해 드리지요.

　얼마나 묵으시겠습니까?

Ⓑ 2, 3일입니다.

　이 방은 얼마입니까?

　아늑하고 좋은데요.

료 깐 데
# りょかんで

이 랏 샤 이마세
Ⓐ いらっしゃいませ。

아 이 데 이 루 헤 야 가 아 리 마 스 까
Ⓑ あいている へやが ありますか。

하 이 도 오 조 오 아 가 리 구 다 사 이 마 세
Ⓐ はい、どうぞ おあがり くださいませ。

시 즈 까 나 헤 야 가 이 인 데 스 가
Ⓑ しずかな へやが いいんですが。

하 나 레 니 고 안 나 이 이 따 시 마 쇼 오
Ⓐ はなれに ごあんない いたしましょう。

도 노 구 라 이 오 또 마 리 데 이 랏 샤 이 마 스 까
どのくらい おとまりで いらっしゃいますか。

니 산 니 찌 데 스
Ⓑ 2、3日です。

고 노 헤 야 와 이 꾸 라 데 스 까
このへやは いくらですか。

고 진 마 리 시 떼 이 떼 이 이 데 스 네
こじんまりして いて いいですね。

197

Ⓐ 숙박계를 적어 주십시오.

Ⓑ 예, 여기 있습니다.

Ⓐ 폐가 되었습니다.

곧 목욕탕에 드시겠습니까?

지금 유가다를 가져다 드리겠습니다.

Ⓑ 예, 부탁합니다.

Ⓐ 네, 알겠습니다.

**포인트 단어**

• やどちょう⇒숙박계.  • とらせる⇒받아들이게 하다,
받게 하다, 가지게 하다.  • いただく⇒(받다)의 공손한
말.  • じゃま⇒방해, 장해.  • おじゃまいたしました⇒
폐를 끼쳐드렸습니다.  • すぐ⇒곧.  • ふろ⇒목욕, 목욕
하는 일.  • ゆかた⇒목욕후 또는 여름에 입는 홑옷.
• たのむ⇒의지하다, 바라다, 원하다, 맡기다.
• ただいま⇒지금.  • おねがいします⇒부탁합니다.

야 도 쪄ㅛ 오
# やどちょう

ⓐ
야 도 쪄ㅛ 오 오 도 라 세 떼 이 따 다 끼 마 스
やどちょうをとらせていただきます。

ⓑ
하 이 　 도 오 조
はい、どうぞ。

ⓐ
오 　 쟈 마 이 따 시 마 시 따
おじゃまいたしました。

스 구 오 후 로 니 나 사 이 마 스 까
すぐおふろになさいますか。

다 다 이 마 유 까 따 오 　 못 데 마 이 리 마 스 가
ただいまゆかたをもってまいりますが。

ⓑ
에 에 　 오 네 가 이 시 마 스
ええ、お願いします。

ⓐ
하 이 　 가 시 꼬 마 리 마 시 따
はい、かしこまりました。

## 거리에서

▶거리가 얼마나 되지요.

도노 구라이 데스까
どのぐらいですか。

▶차로 30분 걸립니다.

구루마데 산줏뿐 카카리마스
くるまで三十分かかります。

Ⓐ 손님, 이리로 오십시오.

Ⓑ 가방이 무겁죠?

Ⓐ 아닙니다. 그렇지도 않습니다.

  엘리베이터에 타십시오.

Ⓑ 7 층이지요?

Ⓐ 예, 그렇습니다.

  자, 7 층에 다왔습니다.

  이 방입니다.

Ⓑ 수고했어요.

헤 야 노 안  나 이
## へやのあんない

ⓐ
오 갸 꾸 사 마  도오조고 찌 라 에
おきゃくさま、どうぞこちらへ。

ⓑ
가  방 가 오 모 이 데 쇼 오
カバンがおもいでしょう。

ⓐ
이 이 에  소 오 데 모 아 리 마 셍
いいえ、そうでもありません。

에 레 베  따  니 도 오 조
エレベーターにどうぞ。

ⓑ
나 나 까 이 데 시 따 네
ななかいでしたね。

ⓐ
사 요ー 데 고 자 이 마 스
さようでございます。

사 아  나 나 까 이 니 쓰 끼 마 시 따
さあ、ななかいにつきました。

고 노 오 헤 야 데 고 자 이 마 스
このおへやでございます。

ⓑ
도 오 모 고 꾸 로 오 사 마
どうもごくろうさま。

**201**

Ⓐ 아, 여보세요. 후론트지요?

202 호실인데요.

신문 좀 가져다 주지 않겠습니까?

Ⓑ 예, 알겠습니다.

신문을 가져 왔습니다.

Ⓐ 고마워요.

### 포인트 단어

* もしもし⇒여보세요, 이봐요, 이것봐, 여보.
* フロント⇒후론트(front).  • もって⇒가지고.
* にひゃくにごうしつ⇒202 호실.  • しんぶん⇒신문.
* まいりました⇒まいる(가다)의 겸양어. (오다)의 겸양
  어, 왔습니다.
* かしこまる⇒황송해 하다, 죄송해 하다, (알다)의 겸
  손어.
* きてくれませんか⇒주지 않겠습니까?
* どうきありがとう⇒고맙습니다.

신　분　오네가우도끼
## しんぶんをねがうとき

아아　모시모시　후론　또데스네
Ⓐ ああ、もしもし、フロントですね。

니햐꾸니고오시쓰 데 스 가
202 ごうしつですが。

신　분　오　못 떼 기 떼 구 레 마 센　까
しんぶんを もってきてくれませんか。

하 이　가 시 꼬 마 리 마 시 따
Ⓑ はい、かしこまりました。

신　분 오　못 떼 마 이 리 마 시 따
しんぶんを もってまいりました。

도오모아 리 가 또오
Ⓐ どうもありがとう。

---

**병원에서**

▶**어지럽습니까?**

메마이가 시마스까
めまいが しますか。

▶**네, 머리가 아프고 어지럽습니다.**

하이 아타마가 이타이시, 메마이가 시마스
はい、あたまが いたいし、めまいが します。

▶**숨을 크게 쉬세요.**

하이키오 오오키쿠 하이테 구다사이
いきを おおきく はいて ください。

---

## 84. 룸 메이드

Ⓐ 룸 메이드가 있습니까?

Ⓑ 예, 무슨 용무가 계십니까?

Ⓐ 좀 와 주지 않겠습니까?

Ⓑ 예, 잘 알았습니다.

Ⓒ 부르셨습니까?

Ⓑ 예, 뭔가 간단한 식사를 할 수 없을까요?

Ⓒ 새우 튀김이나 굴 프라이 등은 어떻습니까?


Ⓐ 그러면, 새우튀김 조금하고 그리고, 밀크도.

루 무 메 이 도
## ルーム・メイド

Ⓐ 루 무 메 이 도 가 이 마 스 까
ルーム・メイドがいますか。

Ⓑ 하 이 나 니 까 고 요 오 데 쇼 오 까
はい、なにかごようでしょうか。

Ⓐ 좃 또 기 떼 구 레 마 셍 까
ちょっときてくれませんか。

Ⓑ 하 이 가 시 꼬 마 리 마 시 따
はい、かしこまりました。

Ⓒ 오 요 비 니 나 리 마 시 따 까
およびになりましたか。

Ⓑ 에 에 나 니 까 간 딴 나 쇼 꾸 지 가 데 끼 마 셍 까
ええ、何かかんたんなしょくじができませんか。

Ⓒ 에 비 후 라 이 까 가 끼 후 라 이 나 도 와 이 까 가
えびフライかかきフライなどはいかが

데 고 자 이 마 쇼 오 까
でございましょうか。

Ⓐ 소 레 쟈 에 비 후 라 이 니 시 요 오 까 나 소 레
それじゃ、えびフライにしようかなそれ

까 라 미 루 꾸 또
からミルクと。

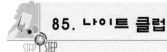

Ⓐ 이 호텔내 나이트 클럽이 있습니까?

Ⓑ 예, 있습니다.

Ⓐ 야! 이 클럽의 장치는 대단히 훌륭하군요.

Ⓑ 이제 곧 쇼가 시작될 모양입니다.

### 포인트 단어

- ナイト・クラブ⇒나이트 클럽(night club).
- そうち⇒장치. • とても⇒매우, 대단히, 심히.
- すてき⇒우수한 모양, 근사한 모양.
- もう⇒멀지 않아. • すぐ⇒즉시, 곧.
- ショー⇒쇼(show).
- はじまる⇒시작되다.
- はじまりますよ⇒시작될 것 같습니다.

※ 호텔에 관련된 말.

- バースルーム⇒욕실(bath room). • ふろ⇒목욕.
- ねどこ⇒잠자리, 침상. • ふとん⇒이부자리.
- ベッド⇒베드(bed). • シャワー⇒샤워(shower).

206

## ナイト・クラブ
나이또 구라부

@ 고노호떼루니 나이또 구라부가 아리마스까
このホテルにナイト・クラブがありますか。

® 에에 고자이마스
ええ、ございます。

@ 와아 고노구라부노소오찌와도떼모스떼
わあ、このクラブのそうちはとてもすて

끼데스네
きですね。

® 모오스구 쇼― 가하지마리마스요
もうすぐショーがはじまりますよ。

---

**병원에서**

▶뱃 속에 가스가 찹니다.

오나까니 가스가 아리마스
お中にガスがあります。

▶숨 쉬기가 곤란합니까?

이키오 하쿠노가 고마리마스까
いきをはくのがこまりますか。

▶네, 그리고 화장실에 가고 싶습니다.

하이 소시테 오테아라이에 이키타인 데스
はい、そしておてあらいへいきたいんです。

## 86. 숙박료 계산

STEP STEP ◀

Ⓐ 나는 220호실의 김입니다만,

계산 부탁드립니다.

Ⓑ 감사합니다. 잠시 기다려 주십시오.

이렇게 빨리 떠나십니까?

Ⓐ 예, 일 때문에요.

Ⓑ 그렇습니까?

### 포인트 단어

- キムですが⇒김입니다만.
- にひゃくにじゅうごうしつ⇒220호실.
- かんじょう⇒계산.
- ねがいます⇒바랍니다, 부탁합니다.
- しょうしょう⇒잠깐, 잠시.
- おまちください⇒기다려 주십시오.
- しごと⇒일, 작업.   • つごう⇒형편, 사정.
- こんなに⇒이렇게.   • はやく⇒빨리.
- しごとのつごうでね⇒일 때문이지요.

208

슈 꾸 하 꾸 료 오 노 간 죠 오
## しゅくはくりょうのかんじょう

와다시와니 햐 꾸니 쥬 우고오시쓰노기무데스가
ⓐ 私は にひゃくにじゅうごうしつのキムですが、

오 간 죠 오오네가이시마스
おかんじょうをおねがいします。

아 리 가 또 오 고 자 이 마 스 쇼오쇼오마찌구다사이
ⓑ ありがとうございます。少少おまちください。

곤 나 니 하야꾸오 따 찌 니 나 룬 데 스 까
こんなに早くおたちになるんですか。

에 에 시 고 또 노 쓰 고 오 데 네
ⓐ ええ、しごとのつごうでね。

소 오 데 스 까
ⓑ そうですか。

---

### 병원에서

**▶수면제를 좀 드릴까요?**

스이민자이오 춋토 아게마쇼 오까
すいみんざいをちょっとあげましょうか。

**▶네, 부탁합니다.**

하이 오네가이 이타시마스
はい、おねがいいたします。

**▶간호사를 부르는 장치는 어디 있습니까?**

간고후오 요부보탄 와 도코니 아리마스 까
かんごふをよぶボタンはどこにありますか。

Ⓐ 한국의 기후는 어떻습니까?

Ⓑ 한국의 기후는 온화하다고 생각합니다.

Ⓐ 당신네 나라 기후는 어떻습니까?

　덥습니까?

Ⓑ 아니오, 서늘합니다.

### 포인트 단어

- かんこく⇒한국.
- どうか⇒어떤가.
- おんゎ⇒온화.
- あつい⇒덥다.
- すずしい⇒서늘하다, 시원하다.

- きこう⇒기후.
- どうですか⇒어떻습니까?
- おもいます⇒생각합니다.
- あついですか⇒덥습니까?

※ 날씨에 관한 단어.
- おんど⇒온도.
- さむい⇒춥다.
- きおん⇒기온.

- しっき⇒습기.
- あつい⇒덥다.
- あたたかい⇒따뜻하다.

기 꼬 오
きこう

ⓐ 강 꼬꾸노기꼬오와 도 오데스까
かんこくのきこうはどうですか。

ⓑ 강 꼬꾸와 온 와나기꼬오다또오모이마스
かんこくはおんわなきこうだとおもいます。

ⓐ 아 나 따 노 구 니 노 기 꼬 오 와 도 오 데 스 까 아
あなたのくにのきこうはどうですかあ

쓰 이 데 스 까
ついですか。

ⓑ 이 이 에 스 즈 시 이 데 스
いいえ、すずしいです。

---

**병원에서**

▶**전화를 걸어도 되겠습니까?**

뎅와오 가케테모 이인데스까
でんわをかけてもいいんですか。

▶**담배 피워도 됩니까?**

타바코오 숫테모 이인데스까
たばこをすってもいいんですか。

▶**언제 퇴원하게 됩니까?**

이쯔 다이인시마스까
いつたいいんしますか。

Ⓐ 한국에서 가장 좋은 계절은 언제입니까?

Ⓑ 일년 중에서 가을이 제일좋습니다.

Ⓐ 서울의 겨울은 춥습니까?

Ⓑ 예, 서울의 겨울은 매우 춥습니다.

Ⓐ 도오꾜오의 여름 기후는 어떻습니까?

Ⓑ 찌는듯한 더위지요.

그래서, 더워 견딜 수 없습니다.

# きせつ
기 세 쓰

Ⓐ かんこくでいちばんいいきせつはいつ
강 꼬꾸데이찌 방 이이기세쓰와아쓰

ですか。
데 스 까

Ⓑ いちねんじゅうであきがいちばんすて
이 찌 넨 쥬 우데아끼가이찌 방 스데

きですね。
끼 데 스 네

Ⓐ ソウルのふゆはさむいですか。
소우루노후유 와사무이데스 까

Ⓑ はい、ソウルの冬はたいへん寒いです。
하 이 소우루노후유와다 이 헨 사무이데 스

Ⓐ とおきょうのなつのきこうはどうですか。
도 오 꾜 오노나쓰노기꼬오와도오데스 까

Ⓑ うだるようなあつさですよ。
우 다 루 요오나 아쓰 사데 스 요

ですから、あつくてたまりませんよ。
데 스 까 라 아쓰꾸떼다마리마 셍 요

Ⓐ 봄이라고 하지만 아직 춥군요.

Ⓑ 예, 정말이예요.

어쩐지 겨울보다 더 추운것 같은데요.

Ⓐ 하지만...

저기, 저쪽을 보세요.

보라빛 아지랑이가 서리고...

Ⓑ 아! 정말 그렇군요.

Ⓐ 역시 봄이예요.

## 하루
# はる

(A) はるだというのにまださむいですね。

(B) ええ、ほんとに。

なんだかふゆよりももっとさむいよう

なきがしますね。

(A) でも…。

ほら、むこうのほうをみてください。

むらさきのかすみがかかって…。

(B) あっ、ほんとうですね。

(A) やっぱりはるですね。

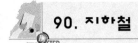

## 90. 지하철

Ⓐ 서울에 지하철이 있습니까?

Ⓑ 있고 말고요.

Ⓐ 붐비지 않습니까?

Ⓑ 붐비지 않습니다.

거기에다 매우 깨끗하며 또,

빨라서 아주 기분이 좋습니다.

Ⓐ 좋군요.

언제 한 번 같이 타 봅시다.

Ⓑ 예, 그럽시다.

216

찌 까 떼 쓰
# ちかてつ

---

Ⓐ
소 우 루 니 찌 가 떼 쓰 가 아 리 마 스 까
ソウルにちかてつがありますか。

---

Ⓑ
아 리 마 스 요
ありますよ。

---

Ⓐ
고 미 마　셍 까
こみませんか。

---

Ⓑ
고 미 마　셍
こみません。

---

소 레 니 도 떼 모 기 레 이 데 하 야 이 노 데 기 모
それにとてもきれいではやいのできも

---

찌 가 이 이 데 스 요
ちがいいですよ。

---

Ⓐ
이 이 데 스 네
いいですね。

---

이 쓰 까 잇　쇼 니　놋 떼 미 마 쇼 오
いつかいっしょにのってみましょう。

---

Ⓑ
에 에　소 오 시 마　쇼 오
ええ、そうしましょう。

Ⓐ 오늘은 우선 긴자에 가 보십시다.

Ⓑ 긴자에는 택시로 가는 겁니까?

Ⓐ 아니요,

　오늘은 국철을 타고 갑시다.

Ⓑ 이것이 야마테선이라고 하는 것이지요?

Ⓐ 그렇습니다.

Ⓑ 벌써 유꾸라쬬오에 도착한듯 합니다.

### 포인트 단어

- きょう⇒오늘.　• ぎんざ⇒긴자(거리).
- まず⇒우선, 먼저.　• タクシー⇒택시.
- こくてつ⇒국철(國鐵).　• のって⇒타고.
- やまのてせん⇒야마테선(線).
- ゆうらくちょう⇒유락정(有樂町). 도오꾜오 거리 이름.
- いくんですか⇒가는 겁니까?

미찌노 안 나이
## みちのあんない

(A) 교 오와마즈 긴 자에이끼마 쇼 오
きょうはまずぎんざへいきましょう。

(B) 긴 자에와다꾸시 데이 꾼데스 까
ぎんざへはタクシーでいくんですか。

(A) 이 이에
いいえ、

교 오와고꾸데스니 놋 데이끼마 쇼 오
きょうはこくてつにのっていきましょう。

(B) 고레 가야마노떼 센 또이 운데스네
これがやまのてせんというんですね。

(A) 소 오데스
そうです。

(B) 모오유우라꾸쪼오오니쓰이 따요오데스네
もうゆうらくちょうについたようですね。

---

### 비행기 안에서

▶ **마실 것 좀 주시겠어요?**

오미즈오 입빠이 구다사이
お水を一杯ください。

▶ **무엇을 좀 먹고 싶습니다.**

나니오 촛또 다베타인 데스
なにをちょっとたべたいんです。

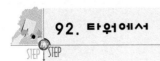

Ⓐ 오늘은 도오꼬 타워에 안내하지요.

Ⓑ 그렇습니까?

아, 저것이 도오꼬오 타워군요.

Ⓐ 그렇습니다.

Ⓑ 굉장히 높군요.

Ⓐ 타워의 높이는 3백 3십 3미터입니다.

Ⓑ 야! 여기에서 도오꼬오 시내가

한 눈에 보이는군요.

다 와 데
## タワーで

Ⓐ 교 오와도오꾜 오다와 에 안 나이
きょうはとうきょうタワーへあんない

이 따 시 마 스
いたします。

Ⓑ 소 오 데 스 까
そうですか。

앗 아 레 가 도 오 꾜 오 다 와 데 스 네
あっ、あれがとうきょうタワーですね。

Ⓐ 소 오 데 스
そうです。

Ⓑ 즈 이 분 다 까 인 데 스 네
ずいぶんたかいんですね。

Ⓐ 다 와 노 다 까 사 와 산빠꾸산쥬우산메 또 루 데 스
タワーのたかさは三百三十三メートルです。

Ⓑ 이 야 고 꼬 가 라 도 오 꾜 오 도 나 이 가 히 또
いや、ここからとうきょうとないがひと

메 데 미 라 레 마 스 네
めでみられますね。

Ⓐ 도오꾜오행 특급 열차 중에서도

'히까리'가 제일 빠른 것입니까?

Ⓑ 예, 그렇습니다.

Ⓐ 매우 빠르군요.

바깥을 내다보면, 아찔한데요.

Ⓑ 예;

이 신간선은 동해도선 중에서도

새로 만든 선로인데요.

.

## きしゃのりょこう

기차
여행

Ⓐ
東京行きのとっきゅうのなかでも

'ひかり'号がいちばんはやいんですか。

Ⓑ
ええ、そうです。

Ⓐ
まったくはやいですね。

そとをみてるとめがまわりますね。

Ⓑ
ええ、

このしんかんせんはとうかいどうせん

のなかでもあたらしくつくられたもの

なんですよ。

권 사 유
판 본 소

(포켓) O.K 일어회화

2019년 2월 20일 인쇄
2019년 2월 28일 발행

**지은이** | 국제언어교육연구회
**펴낸이** | 최 원 준

**펴낸곳** | 태 을 출 판 사
서울특별시 중구 다산로38길 59(동아빌딩내)
**등 록** | 1973. 1. 10(제1-10호)

ⓒ2009. TAE-EUL publishing Co.,printed in Korea
※잘못된 책은 구입하신 곳에서 교환해 드립니다.

■ **주문 및 연락처**
우편번호 0 4 5 8 4
서울특별시 중구 다산로38길 59 (동아빌딩내)
전화 : (02)2237-5577   팩스 : (02)2233-6166

ISBN  978-89-493-0552-3    13730